Change | 足球成為 Lifestyle

Change 7

足球家庭指南

輸贏以外，一顆球打破傳統教育框架，踢出孩子創造力。

作者：陳信安
撰文整理：孫曉彤
封面設計：林育鋒
美術編輯：Beatniks
責任編輯：冼懿穎
校對：呂佳真

出版者：英屬蓋曼群島商網路與書股份有限公司台灣分公司
發行：大塊文化出版股份有限公司
台北市 10550 南京東路四段 25 號 11 樓
www.locuspublishing.com
TEL：(02)8712-3898　　FAX：(02)8712-3897
讀者服務專線：0800-006689
郵撥帳號：18955675　　戶名：大塊文化出版股份有限公司
法律顧問：董安丹律師、顧慕堯律師

總經銷：大和書報圖書股份有限公司
地址：新北市 24890 新莊區五工五路 2 號
TEL：(02)8990-2588　FAX：(02)2290-1658
製版：瑞豐實業股份有限公司

初版一刷：2017 年 10 月
定價：新台幣 300 元
ISBN: 978-986-6841-90-3

Printed in Taiwan

國家圖書館出版品預行編目 (CIP) 資料

足球家庭指南 ： 輸贏以外，一顆球打破傳統教育框架，踢出孩子創造力。 / 陳信安著． — 初版． — 臺北市 ： 網路與書出版 ： 大塊文化發行， 2017.10
224 面 ； 13*18 公分． — (Change ； 7)
ISBN 978-986-6841-90-3(平裝)
1. 足球
528.951　　106013959

足球

輪贏以外，一顆球打破傳統教育框架，踢出孩子創造力。

家庭指南

SOCCER FAMILY A PARENT'S GUIDE

陳信安 前國家隊總教練——著　孫曉彤——撰文整理

目錄

Kappa

第2部 踢足球小孩的未來

附錄

推薦序

「足球家庭」在台灣的意義

回顧我這幾十年做的事，有人稱我為開拓者，有人稱我為教父，對我來說，這些都是溢美之詞。本土搖滾也好，影音實驗學校也好，發想推動時，我只是單純地想著：希望能做一些事，十年後回頭一看，還在。

幾年前，因為兩個孩子喜歡踢球，開始與兒童足球俱樂部接觸，最頻繁的時候，一週踢三個俱樂部。在這時認識了陳信安教練，他的方向與目標，顯然與現行追求高分的教育價值不同，他說：「踢球不是為了贏球，而是要維持住孩子長久的興趣，讓他們在十八歲時能發光發熱。」因此，陳教練設計的各種訓練，都是為了啟發孩子，讓他們熱愛踢球。

若以十年來看，一個愛踢球的孩子，從八歲到十八歲，必須經歷升學導向的體制內教育，很容易在國小升國中或國中升高中時便中止踢球。因此，體制外的足球實驗教育確實有必要。我笑稱我們是自己想喝牛奶，而養了一頭牛，現在還想蓋牧場。身為實際參與陪伴踢球的足球家長，不管是每週在球場邊的打氣與交流，或是每年暑假帶著孩子到日本足球 Home Stay，都讓我感覺到「足球家庭」生活的豐富踏實。

陳教練看的是未來十年，這本書通過陳教練的眼、手與心，試圖建立台灣足球教育的圖景。那將是包含運動員、裁判、教練等專業訓練團隊，以及行銷管理、場地等產業，由家庭擴散到社群，由體育發展至文化與觀光。

從音樂跨到足球，看似不相干，但是體育推廣在我的血脈中，似乎有跡可循。父親畢業於北平師大體育系，來台後一直在各大學擔任體育老師，他總說，若不要發生抗戰的話，他早就是籃球國手了。小時候，父親指導的籃球隊隊員偶爾來家裡一起包餃子，一起去看台北的威廉瓊斯盃。

最近，在父親的遺物中，我發現一本名為《社會體育》的論文，是父親一個字一個字刻鋼板印刷完成的，由運動員訓練闡述到公共體育場的建置，放在今天來看，都仍非常具前瞻性。父親生前，我沒有機會與他談論這些事，但現在，我可以有機會實踐。

我原本以為，現在為推廣足球教育做的這些事，是往前看，在為兩個孩子以及台灣其他愛踢球的孩子建造未來。但現在往後一看才突然明白，做這些事，或許也是希望能無愧於父親吧。

倪重華
前台北市文化局長
音樂科技學院基金會董事長

推薦序

決定勝負的尺度在終點線不在起跑點

人體的運動是由肌肉的收縮牽引骨骼，以關節為旋轉中心，依槓桿原理產生角動量所促成，而肌肉的收縮完全來自腦神經系統的支配。足球為獨具特殊的運動種類，百分之九十五以上的機率是由腿腳操控，而支配腿腳具備技術性活動的神經系統，在人體結構而言，不僅神經通路最長，神經纖維傳導（impulses）的過程，必須經過無數的實觸（synapses），更不容易靈活控制。

不過，生物具有的「用進廢退」的規律，給每一位從事足球運動的人，不僅可以鍛鍊強健的體魄，更能增進腦神經系統的操控能力。在學校的教育體系裡，偏重閱讀、記憶、演算、訓練左腦的功能。其實，足球運動許多現象具有訓練右腦的功能。人格特質、領導統御、辨識力、決斷力、判斷力、抽象、創造力等，都與右腦的功能息息相關。作為一個完美的人，就得重視左右腦的平衡發展。

許多補習班的廣告，小學生的家長、學校老師等，都會強調孩子們要贏在起跑點。其實，決定勝負的尺度在終點線，不在起跑點。起跑點最重要的是必須建立足以在終點線取得勝利的基礎。

賈伯斯躺在病床時，曾經感嘆一生叱咤風雲，很短時間內就可以擠進世界財富的尖端，而任何大事都可付費找人完成，唯獨無法用錢請人取代臥在他的病床。臨終前，我所敬仰的天才，說他好像還有一本書未讀，就是「健康」。而足球就是可以帶給每一位正確使用它的人「健康」。不只是身體的健康，而是身心靈的健康。

我第一次認識陳信安，看他踢球是在二〇〇六年在加拿大卡加利的世界大師賽（World Master Game），那是四十歲以上中老年人世界性的運動賽會。我第一印象就發覺他踢球、控球的能力高超，跑位、對於球的動向的判斷力特佳。後來，才知道他也擔任過國家隊球員、隊長、教練。

但是，以我的評價，他何止是這樣的層級。與他數次談話的過程中，覺得確實有別於其他的運動員。我曾經聽過不少現役或已退休的國家級運動員，對於政府發展競技運動政策上的批評，大部分都是以個人經驗的立場為背景。可是，陳信安談到國家該如何發展足球時，不以個人立場為主，他邏輯思考、分析的能力佳，又有宏觀的格局。對於足球先進國家的發展方式，有清澈的了解。尤其目前，他是台灣唯一持有職業級教練證照資格者，相信由他筆下寫出的足球書籍，一定可以帶給讀者受益良多，謹此推介。

林德嘉
美國伊利諾大學生物力學博士
國立台灣師大傑出校友
教育部終身成就獎
二〇〇四年奧運總領隊

推薦序

從興趣到終身志業

足球是世界上最受歡迎的團隊運動之一，尤其是四年一度的世界盃、歐洲國家盃等等，都能吸引非常多的球迷去觀賞賽事，證明足球的吸引力的確是非常大的。相信在台灣也一樣，會有很多人喜歡踢足球，尤其是小朋友。因為在其他每一個國家或地方，都會有青訓的項目，顧名思義，這項目就是培養跟訓練年輕一輩和小朋友，希望能把這些幼苗栽培出來，以便將來能代表台灣去打一些國際性的比賽。

我自己就是一個例子，小時候喜歡踢足球，沒想到長大後竟成為職業足球員；之後我學會團體生活的重要性，令我明白人與人之間的相處之道。

足球的確帶給我很多東西，除了金錢之外，還有很多機會到別的國家去比賽及遊覽（台灣也是我每年會去比賽的地方），更給我帶來非常好的家庭生活。每當我有比賽時，我的家人（包括我太太跟三個女兒）都會到現場，為我打氣。所以我從沒有後悔把職業足球員當作我的終身職業！足球不只是個人的喜好，更可以把家庭連結在一起，比如說你的孩子去比賽，一家人可以去現場，給他們打打氣，更可以增進全家人的感情，相信這會是許多父母和家庭都希望看到的事！當然有時候比賽不一定打贏，要是輸了，父母也可以鼓勵他們的孩子不要氣餒下次再來，加強孩子的自信心，對他們的成長肯定有很大的幫助！

最後，我很喜歡這本書的名字，希望它能夠提供愛踢足球的小孩和家長許多具參考價值的建議。

徐國安
切爾西足球學校香港分校技術總監

自序

足球場是生命的縮影

一個轉彎，車子就開進了靠近水門的下坡甬道，透過車窗映入眼簾的是開闊的風景，連綿的山脈和高低起伏的建築物都在水岸的對面，市區的喧囂彷彿都被隔離開來。我打開車窗，濕潤而稍有涼意的微風吹拂進來，剛下過雨的午後，空氣裡瀰漫著泥土和草地的氣味；我把

車子停在一大片的草坪旁邊，背起用具走向綠意：這裡是大佳河濱公園的足球場，也幾乎是我每天都會報到的地方。

我是陳信安，是個足球球員，也是足球教練。到目前為止，我的生命都和足球脫離不了關係：因為足球，我從普通的鄉下囝仔，變成國家代表隊的選手和總教練；因為足球，讓我踏遍了世界各地的運動賽場；因為足球，我結交了許許多多意想不到的朋友；因為足球，讓我體驗到各式各樣的人生經歷和視野。有人問我，如果我不曾和足球相遇，現在會過著什麼樣的生活？其實我沒有答案，也想不出來其他可能；但我唯一肯定的是，足球不僅是我最大的樂趣所在，也是我的人生志業和理想的實踐方式——而這一切，都從那份最原始的喜歡開始。

右頁圖：陳教練與小孔雀球員進行練習。

對足球的堅定情感

我出生於一九六二年，生長於純樸的高雄岡山，家裡經營的是佛具行，家中的三兄弟中，我排行老么。我的父母都是老實勤奮的人，對於孩子的期望除了好好念書和不要學壞之外，採取的是自由包容的態度。記憶中，我二哥是擅長手球的運動健將，就讀岡山國小時自己雖然有一群愛踢足球的小伙伴，但我卻沒有太熱中參與他們的活動，一直要到十二歲升上國中，我才真正開始接觸足球。

足球常常被人戲稱為「窮人的運動」，原因是踢足球需要的裝備，就僅僅是一顆球，而門檻這麼低的運動項目，卻在世界各地廣受歡迎，我覺得其中最關鍵的原因就是，足球非常「好玩」，而且沒有性別或年齡的限制。五、六歲的小朋友，就可以開始踢足球，對他們來說，能夠把球踢得又高又遠，還可以跟其他的小孩在自然的草地上奔跑嬉戲，就是件非常有趣的事；所以你常常會看到這個年齡的孩子，總是一起追著球跑來跑去——足球不是比賽，也不需要心機，就是很單純的玩遊戲而已。對於少年時初次踢球的我來說，足球就是一件充滿樂趣的活動。

岡山是個足球風氣很盛的地方，不僅國小和國中都有足球隊，也培養出好幾位知名的足球運動員。雖然如此，因為不想讓父母認為足球會耽誤課業，國中時候的我可說是非常「低調」地在踢

1986 年世界盃會外賽，攝於紐西蘭。

球。我還記得有幾次校際比賽，早上我一如往常地背著書包出門，但卻沒有去學校上課，而是把書包藏在同學家，下午踢完球才又背著書包回家。當然，這種事情做了幾次之後，終於被家裡發現，父母也因為國三即將面臨升學，非常反對我繼續踢球。

在那個體罰小孩還很普遍的年代，父親為了讓我打消踢球的念頭，不止一次用連接窗戶縫隙的塑膠條教訓我，身為擅長跑步的足球健將，被打了幾回之後也是會跑給爸爸追。但奇怪的是，即便那時才十幾來歲，我卻已經對於足球有了很堅定的情感，雖然不被家庭支持，卻也從來沒有想過放棄。很多人說我是有天分的球員，因為足球員的黃金訓練期是九至十二歲，那是運動神經發育的關鍵階段，而我是在這個階段的尾聲才開始踢球；但踢了這麼多年的球，也培訓過無數的球員，個人的經驗告訴我：要成為一個好的運動員，除了先天的條件外，後天的努力同樣重要。記得以前每次和隊友約好集訓，我總是比別人先到球場暖身；而訓練結束解散之後，也經常留在場上繼續練習，而這麼做的唯一理由，就是我真的非常喜歡踢球的感覺。

國三畢業那年的聯考，我沒有考上任何一所高中，父親非常生氣，要我立刻去補習班準備重考。但偏偏那時台北有一場全國性的比賽，幾經思索，只好鼓起勇氣跟爸爸談判，條件是讓我踢完這場比賽，之後就乖乖補習念書再也不踢球。結果，那場比賽我們球隊獲得了全國亞軍的佳績，當時以足球聞名的高雄立德商工便找上我，希望我可以進入他們學校，並且加入足球校隊。十八歲時，我便離家到台北念書踢球，展開多采多姿的足球人生。

改變我人生的比賽

父母的不理解，是早年足球生涯中最大的遺憾。當時因為踢球與家裡鬧革命，後來先妥協的是我的母親，但她也只淡淡地說了一句：「去踢吧。」而我的父親，一直要到一九八五年時，才因為一場比賽而改觀。

那一年，我代表中華男子足球隊遠赴奧克蘭參加世界盃足球賽的會外賽，對手是紐西蘭隊，當時電視轉播了那場球賽，而我就在包括父親在內的眾多岡山鄉親守著的電視螢幕裡，成功在上半場即將結束前踢進一球——從那刻開始，所有的街坊鄰居都改稱我父親為「安爸」，因為大家都知道他有個很會踢球的兒子。當然，「安爸」本人也從原本的排斥足球成為忠實的球迷，後來他甚至會在閒暇時間主動到岡山足球俱樂部的球場去幫忙剪草，直到現在已經高齡超過八十，只要

中華男足新主帥

飛駝教練陳信安掌兵符 中華隊將參加奧運足球會外賽

【記者何長發／報導】中華男足隊無緣參與曼谷亞運會，不過，將出席預定明年五月間在南韓進行的雪梨奧運男子足球會外賽，新一任的中華奧運男足隊教練，已敲定由「紅褲子」出身的飛駝隊教練陳信安出任。

雪梨奧運足球會外賽亞洲區各組之爭，定明年二月至六月之間擇期進行，亞洲區有卅四隊報名，分成九組預賽，各取首名晉級第二階段九強之爭，九組冠軍隊將再分成三組競爭，三組冠軍隊代表亞洲進軍二○○○年奧運足球十六強會內賽。

中華台北抽在第八組與南韓、印尼及斯里蘭卡同組，依當今實力現況評估，南韓將是該小組的冠軍隊。

上屆會外賽，中華隊與日本、泰國分在同組，四戰皆敗，平均每場淨輸5.25球，創下過去我國參加十一屆比賽以來，成績最差的紀錄。如今對手由日、泰換為實力等級相近的韓、印等隊，中華隊初選已完成，將待教練下個月從甲組聯賽中再彈性甄選後確定最後名單。

足協這次經由選訓小組的五人小組陳光雄、李富財、羅智聰、、張生平及楊勝苑選出陳信安，成為新一任的奧運教練，他是八○年代中期至九○年代初期，中華隊出色的中場國腳出身，現職掌飛駝隊教練。他並已提名許耀祥、葉錦東及顏士凱為教練團成員。

參加 2000 年雪梨奧運足球會外賽時相關的媒體報導。

我回高雄，都還是會帶他一起到場邊看球。

「踢球雖然沒有什麼成就，但至少不會變壞。」後來的「安爸」總是這麼跟其他的足球家長分享自己的育兒經驗。

一路走來，總覺得有足球相伴的自己，其實非常幸運：進入高中之後，我成了隊上的先發球員，高一就拿到全國冠軍。畢業之後，我加入了聯勤總部支持的飛駝足球隊，成為專業的足球員。一九八二年時，我被選入國家隊，則是人生中另外一個轉捩點。當時我原本只是候補球員，本來應該不會有機會參與比賽，結果在球賽快結束時，教練突然讓我上場踢球，而我也不負眾望，在場中進了一球——因為如此的精彩表現，讓我得以進入中華男子足球隊，代表國家四處出征海外。

整體來說，我的運動生涯其實沒有歷經太多波折，比較有影響的應該就是一九八〇年代前期的兩次受傷——都是在比賽中左腿脛骨骨折——第一次是在農曆年前，因為怕父母擔心，只好騙說自己不回高雄要在台北過年，結果就是謊言被拆穿，最後全家人跑到台北看我。第二次則是發生在原本預計要回老家的週末前夕，不良於行的我打電話說這週不回去了，安爸一聽，立刻在電話那頭問：「你腿又斷了喔？」

上圖：1999 年奧運亞洲區資格賽，韓國當地的媒體報導。
下圖：1991 年於北韓平壤的亞洲盃資格賽。

"한골이라도 뽑으면 대만족"

올림픽예선전 내한 첸싱안 대만 감독

"3명의 선수가 학업때문에 이번 예선에 오지 못했습니다. 3명은 개인 볼일을 마친 뒤 오는 23일 입국하고요."

오는 27일 잠실종합운동장에서 한국 올림픽대표팀과 2000 시드니올림픽 아시아지역 1차예선을 치르는 대만 대표팀의 첸싱안 감독은 전지훈련 연습경기 정도를 앞둔 표정이다. 뚜렷한 작전도 없고 그저 부담없이 한국전에 임하겠으며 전력차가 너무 커 단 한골만이라도 뽑을 수 있다면 대만족이라는 자세다.

수비에 치중하는 5-3-2 포메이션을 쓰겠다는 대만은 아직 베스트 11이 결정되지 않았다. 대학생들로 구성된 대표팀 멤버중 3명이 시험 등 학업문제로 오지 않았고 또다른 3명이 뒤늦게 합류하기 때문이다. 그저 당일 컨디션 봐가며 멤버를 정하겠다는 것.

학업때문 3명 불참… 축구환경 척박

대만에선 학생들이 운동보다 학업을 중시하는 풍토가 있다. 더구나 장래를 보장해주지 못하는 축구에 있어선 더욱 그럴 수밖에 없다. 시험때문에 국가대표에서 빠지는 것은 비난의 대상이 안된다.

대만은 초 중 고교를 통틀어 축구팀이 70개가 안된다. 프로 및 실업팀도 없다. 이번 대만올림픽대표팀도 불과 4개뿐인 대학팀에서 선발된 멤버. 줄곧 국제대회에 모습을 드러내지만 결과는 뻔하다.

대만 리덩후이 총통은 지난해 프랑스월드컵후 축구진흥책 마련을 지시했다. 이에 360억원이 소요되는 10년계획을 준비하고 있지만 어디에서부터 시작해야할지 손도 대지 못하는 실정. 젊은층에서 서서히 축구에 대한 관심이 확대되곤 있으나 워낙 토대가 부실하다.

기술 시설 등 한국을 모델 삼아 축구발전을 꾀하겠다는 대만은 아직까진 모든 것이 꿈일 뿐이다. 【김후영 기자】

另外一個重要的事件發生在一九九〇年，當時二十八歲的我被香港東方隊相中，有意邀請我轉戰加盟。比起台灣，香港的足球環境相對成熟，對運動員來說，也是職業生涯中難得的好機會——這不光是對我個人莫大的鼓勵，同時也是對台灣整體足球發展的肯定，當時的新聞報紙曾經不止一次報導相關消息。然而，後來因為薪水談不攏，而宣告破局。現在回想起來其實有些遺憾，因為能夠進入香港職業隊踢球，勢將開拓我在專業和人生中更寬廣的視野；假如當時選擇前往，我後來的生命風景，應該會與現在截然不同。

足球就是我的生活方式

足球對我而言有個不可取代的魅力，就是藉此和隊友培養的深厚情誼——就算是骨折打石膏、走路都要靠枴杖，熱血的我還是堅持要跟隊友們搭飛機到香港去比賽。雖然不能上場踢球，但在場邊加油吶喊，也讓我覺得意義非凡。

直到現在，我們這些老球員都已經五、六十歲，卻還堅持要組隊踢球參賽，一週至少要踢個三次才過癮。對我來說，單純當個球員是非常快樂的事，因為你只需要專心在球場上的表現，那個狀態很純粹，也很完整。

但是擔任教練就不一樣了，教練要準備訓練內容、整合戰略、建立權威、時時刻刻動腦思考

1991 年亞洲盃資格賽中華隊全體隊職員，前排右二為陳信安。

……對我來說，無論是球員或教練，都是非常有趣的事，特別是現在我訓練的這批小球員，從六、七歲到十幾歲的都有，從他們帶著笑容的泛紅臉龐上，我回想起自己少年時踢足球的純真感覺。

我有一個兒子，他選擇成為一個專業的足球運動員，十四歲時就獨自負笈西班牙，和一群同樣熱愛踢球的同儕競爭學習。身為過來人，我知道運動員是一條艱辛的路途；但身為父親，我支持他的選擇，並且

足球家庭：陳信安教練、安爸與孫子陳奕言。

鼓勵他在自己的道路上持續勇敢前進。足球對我來說，是生命中非常重要的課題。

有時候我甚至覺得，球場就像是生命的縮影，它有時間限制，也有規則可循，每個人都在一樣的空間條件裡，稱職地扮演好自己的角色，等待時機，然後一舉進攻——天時地利人和的話，你就踢進了漂亮的一球。所以我每天都會來到球場，無論寒暑、無論晴雨；因為對我來說，足球就是我的生活方式。

這本書能夠完成，我衷心感謝所有在過程中給予協助的朋友，你們的鼓勵是我向前的最大動力。首先我要感謝台北的孔雀體育會，是他們成立的兒童足球隊，讓我有機會跨足到小球員的訓練領域。然後是同樣身為足球家長、也是台北市前文化局長的倪重華，是他在當時帶著華興國小的十四位小朋友，熱血地參加小孔雀的訓練；而我也在這裡對於長期支持我的足球家長們致上最深的感謝——感謝你們的積極參與和信任，如果沒有你們，今天大概很難會出現這群活潑快樂的足球小將。

我還要感謝本書的撰稿人孫曉彤，從來沒有接觸過足球的她為了有更深入的臨場感，在龐雜的訪談與撰寫工作外，更主動參與了陳信安足球學校的成人女子班課程，印證了我對於足球所秉持的觀點——踢球永遠不嫌晚，甚至可以是一輩子的愛好。此外，我也感謝陳信安足球學校的教練團隊與工作同仁，沒有他們的幫助，我一個人絕對無法完成，而這也再次說明了團隊合作之於足球的重要性。

最後，是多年來一直在我身邊陪伴和默默付出的太太許梅珠，身為體育老師的她，不僅要兼顧自己的職業，下了班又變身成專業的家庭主婦，有時候好不容易碰到假期，她也沒得休息——只要是我上場比賽踢球，她總是在場邊拿著相機努力拍照記錄，書中許多我在球場上的英姿，都是出自太太的細膩觀察。當然，追根究柢我還得感謝從小對我管教嚴厲的父母，如果不是他們從剛開始的反對，到後來的接納、理解與支持，我也無法在日後足球之路上堅持下去。

我真心希望能夠因為這本書，讓喜歡足球的家長與小朋友更了解足球的訓練過程；也希望還沒開始接觸足球的人們，能夠因為閱讀而增加對於足球的認識與興趣——台灣足球的未來，需要的是更多人的參與和投入，共同創造出美好而生機蓬勃的足球視野。

第1部

踢足球的小孩 更快樂 也更聰明

「踢球是要用頭腦的，兩隻腳只是工具。」

足球不只是體能和技術的運動競賽而已，
而是具有戰術、專注、
心智以及團隊合作等
更多豐富細膩的心理層次。

CHELSEA
adidas
CHELSEA

1-1

什麼都有、什麼都不奇怪的足球比賽

即使只有一個人
和一顆球，
照樣可以練習，
並從中獲得運動的快感和愉悅。

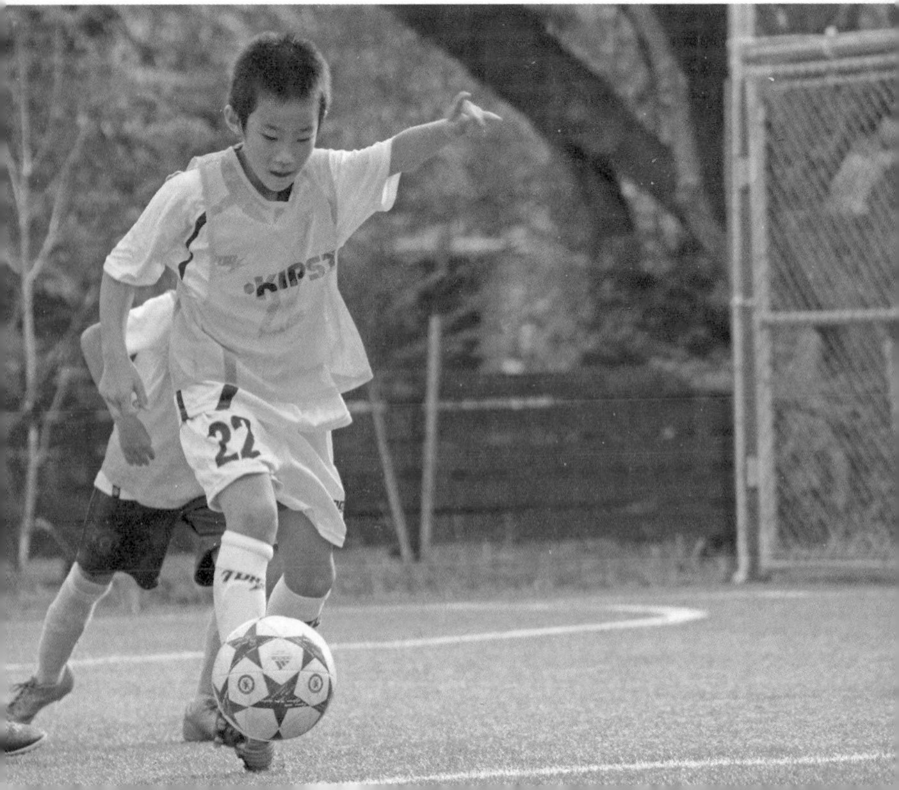

無論是在建築密集的城市角落，或是人煙稀少的郊外荒地，只要有一小塊空曠的地方，不管面積多大多小、天氣是晴是雨、寒風冷冽或是豔陽高照，僅僅需要一顆球（或是功能和形狀接近球的物件），不分年齡或性別，三五好友或是成群結隊，都可以立刻展開一場即興的足球賽——因為門檻低、限制少，足球被稱為是「窮人的運動」，就是因為它具有很大的開放性和自由度，這也是足球能夠跨越種族、地域和文化的藩籬，在世界各地廣受歡迎且歷久不衰的魅力所在。

我踢了一輩子的球，參加過無數的比賽——正式的足球比賽大都在草地上進行；但非正式的足球遊戲，就幾乎沒有場地的限制，舉凡是泥土地、水泥地、沙地、人行道、公園裡的空地、杳無人煙的馬路……任何算是平坦的地面，在安全無虞的前提下，就可以享受踢球的樂趣。

有一回我在美國洛杉磯，曾經親眼目睹一場非常特別的足球賽：幾個中南美洲人在公園裡組隊比賽，但場地竟然在兩張公園長凳中間的空地——他們以長凳當作球門，誰把球踢進椅子下方，就算得分；不僅如此，這兩張公園椅的位置還沒有對齊，也就是說兩個球門一個偏左、一個偏右。在這種超級「因地制宜」的特殊場地，球員照樣踢得無比認真，觀眾也看得興高采烈，著實讓我這個台灣來的專業足球員大開眼界。

除了草地之外，一九九〇年代開始，也出現了正式的國際的沙灘足球賽事。沙灘足球，顧名思義就是在沙灘上進行的足球比賽，最早發源自巴西里約熱內盧，

巴西青年在踢沙灘足球（Secretaria do Esporte e Lazer do Maranhão/CC BY 2.0）

於七〇年代末陸續風靡拉丁美洲和歐洲等地。和傳統足球不同的是，沙灘足球的球員是赤腳踢球，而沙地因為會使球的彈力降低，並且讓球員無法像在一般地面上快速攻防，因此在技術操作上也跟傳統足球不一樣。簡單來說，沙灘足球一般需要把球挑高一些；此外，在比賽時間、規則和人數上，也稍有不同。

在冬季或寒帶地區，則不免會遇到在雪中比賽的情況；或許有人會好奇，總是穿著輕便的球員會不會著涼——其實，因為球員總是在場中來回跑動，因此雪中的比賽低溫並不是最大的挑戰，而是落在地上的雪可能會在一段時間之後凝結成冰，使得地面變滑，而影響球員的表現。另一方面，為了讓球員們不至於因為白雪影響視野，球賽所使用的足球也會替換成白色以外的、像是橙黃色等其他鮮豔的顏色——皚皚白雪覆蓋在碧綠的草地上，雪地中的球賽現場，總是在我的視覺中留下鮮明而深刻的印象。

足球規則介紹

現在我們熟知的足球，公認起源於十九世紀的英國，而最早的職業聯賽也發生於此。時至今日，足球已經是世界上普及度和影響力最大的體育項目，像我們前面提過的，足球因為擁有很高的自由度和開放性，而廣受歡迎；也因為它的比賽規則較少，使得球員在場中可以較為不受限制、發揮個人的創意——一場精彩的足球賽裡，不可或缺的是球員在各種突發情況中的臨場反應，而這除了是球員的個人天分和運動風格外，也仰賴團隊合作的默契以及平時有效的練習。

「足球」顧名思義，主要控球的就是運動員的雙腳，精確來說，球員可以利用雙手以外的身體其他部位來控制足球，至於比賽中難免會出現的肩膀碰撞或用手擋住對手（請注意，是「擋」而不是「推」或「拉」）則是被允許的。在賽場上，只有守門員在自己防守的禁區內才可以用手接觸足球，或者是開界外球時。

標準的足球比賽是十一人制，也就是比賽的兩隊各派十一位隊員（包括十名球員和一位守門員），兩隊在長寬為一〇五乘以六十八公尺的草地球場上防守和進攻。得分的方式就是將球射入對方的球門內，一球以一分計算，得分多的隊伍勝出；比賽時間則為各四十五分鐘的上下兩個半場，總共九十分鐘。如果比賽時間結束，兩隊的得分相同，就要依照比賽規章來決定，通常分出勝負的方式有：抽籤、三十分鐘的延長賽或是互射十二碼罰球。

還有一項比較特別的，是足球運動中的「越位」（offside）規則。它限制了進攻方傳球時，接球球員所站的位置——簡單來說，進攻方進入防守方的半場內

後，進攻方球員不得比防守方球員（守門員除外）更為靠近球門或防守方守門員。換言之，最靠近防守方球門的，除了防守方的守門員外，至少還要有一位以上的防守方球員在場內第二靠近防守方球門；進攻方的腳若超過這個防守底線，就處在越位位置上，這樣便有可能造成「越位違例」——裁判將會判罰給對方球隊一個間接自由球，罰球點就在違例發生的地方。關於「越位」其實還有許多細膩的內容，過去在球賽中的相關爭議也屢見不鮮，在此就不詳細贅述。總體來說，越位規則的出現，是為了防止某些不合理的

11 人制（4-3-3）足球陣型。

戰術，例如避免前場開球時進攻方就將球員安排在對方的球門附近，然後輕易獲得得分機會。

除了十一人制的比賽外，其餘還有八人和五人制的形式，只是場地會更小一些：八人制的賽場大約是六十至六十五公尺乘以四十至四十五公尺，五人制則為四十公尺乘以二十至二十五公尺。此外，也有借鏡籃球規則的三對三鬥牛賽，但這多為球員們私下切磋的形式，並未被納入正規的賽事中。如前文所述，本著開放和自由的精神，其實只要有兩個人和一顆球，就可以展開一場趣味盎然的足球遊戲——如果只有一個人和一

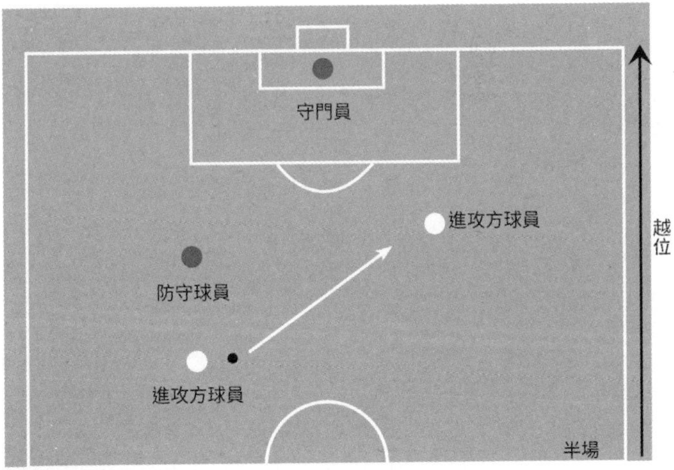

越位示意圖。

顆球，只要你願意，照樣可以練習足球的個人控球技巧，並且從中獲得運動的快感和愉悅的感受。

奔跑在綠色的大地

以球類運動來說，足球可說是其中限制最少，球場也最大的一種。然而在正式的足球賽中，賽事場地通常在天然的草地上進行，而也因為佔地廣闊，球場也大都是露天的。你可以閉上眼睛想像一下：在風和日麗的日子，自在地奔跑在綠草如茵的球場上，感受著自然的風輕拂過皮膚的觸覺，空氣裡瀰漫著淡淡的青草味道……對我來說，球場本身的空間氛圍就是一個讓人舒服的所在，而在這樣的地方充分施展自己的身體可能，並且在高度的專注和默契中與隊友並肩作戰，就是種暢快淋漓的享受。

當然，看起來平整而且綠意盎然的足球草皮，是需要投入心力養護的。一座理想的足球場，在建造時就應該考慮到整體的排水系統，才能確保在雨天能夠不積水，並且維持場地的平整均值。好的足球場地是需要人力的細心維護，除了定期修剪和照顧草株的茂密外，也需要移除蔓生的雜草，並且選擇植栽適合且品種一致的草皮。

隨著時代的演進，現在也有一些球場使用的是人工草皮，在維護上比較容易，場地也比較不容易產生凹洞或積水。但我自己還是喜歡在天然的草皮上踢球，那種在自然的植被上奔跑跳躍的快感，是一種不可取代的美好經驗。

在德國、日本和西班牙等地的足球俱樂部訓練中心裡，大都配置有天然草皮和人工草皮，但由於天然草皮的維護費用比較昂貴，因此大都只有第一隊訓練時才會使用，其他的青年梯隊則是使用人工草皮。比方說像是日本大阪的 J-Green 就有十二面的球場，其中除了四面天然草皮外，其他都是人工草皮；人工草皮的優點還包括可以不受天候影響進行訓練，也經得起頻繁的使用。

萬華迎風足球場為五人制人工草皮球場。

足球的必要道具，當然就是球本身。足球通常以號數區分，差別在於重量和尺寸大小。一般而言，標準球賽所使用的球是五號球，也是十二歲以上球員的用球；十二歲以下的球員，我們通常使用稍微小一點的四號球，而這個尺寸的球也會出現在室內足球或小型球賽的賽場上。其他還有更小的三號球，這也是手球的標準球。

我還記得在一九六〇至七〇年代時，使用的足球曾經是真皮材質的，顏色也是皮革原色的咖啡色。但真皮的足球在潮濕的環境中，會吸收水氣而增加重量，後來質地較為穩定的橡膠和合成皮製造的足球才開始普及。為了達到足球品質的一致性，一九九六年開始，國際足球總會（簡稱國際足總，法語：Fédération Internationale de Football Association, FIFA）提供認證標記給通過重量、圓周、球狀、氣壓損失、吸水率、彈跳及形狀和尺寸保特等測試的足球型號。標記包括「國際足聯批准」（FIFA Approved）、「國際足聯檢視」（FIFA Inspected）及「國際賽用球標準」（International Matchball Standard, IMS）等認證。大致而言，目前的比賽用球多為白底，其他也有許多不同顏色或印有特殊圖案的球，而橙黃色的足球則多出現於雪地的比賽環境。

一般來說，我們在練習時用的球，通常與比賽用球有些許不同：專業

取得國際足聯認證的足球。（Public domain/Wikimedia Commons）

的比賽用球在價格上相對較高，而練習球的價錢則較為親民。在台灣，一個品質尚可的練習球價格約莫在台幣數千元之譜，而這樣的球的質量就足以讓球員在訓練中使用。當然，不可諱言的是球的單價差異，也會造成球員在控球時觸感的不同，但話說回頭，球之於球賽，終究扮演的是道具的角色。真正的關鍵還是在於人，也就是運動員的腳上工夫，如果你有了充足的訓練和經驗，任何的球況都只是很微小的變因，而這些全都在球員的掌控之中。

足球的衣著穿搭

就服裝來說，除了舒服與適於移動奔跑外，確實沒有太多條件限制。在正規的比賽中，全隊必須穿著顏色一致的球衣和球褲，除了鞋襪之外，身上盡量避免配戴項鍊或手環之類，容易在比賽中因為碰撞而造成他人受傷的硬質物件。通常球衣都是短袖搭配同色短褲，以合身舒適的尺寸為主；若是遇到極端寒冷的天氣，偶爾也會有球員在短褲內穿上同色的貼身長褲，否則就是穿著足球長襪。長襪的功能除了保暖外，攻防兩隊不同的襪子顏色，也有助於比賽時裁判判罰的準確度。此外，長襪也能固定「護脛」：「護脛」是足球球員的必備良伴，它能夠有效地保護球員的小腿脛骨，不至於因為意外而受傷——我的足球生涯中，曾經有兩次因為脛骨骨折，而

成為球隊的傷兵，原因都是在比賽中不慎被對方球員踢斷，而當時的正式比賽中並未規定需要配戴護脛。

人類的小腿部位，有兩根主要的骨骼：一是較粗的脛骨，另外則是較細的腓骨。在受到外力撞擊時，這兩根骨頭因為小腿前側包覆的肌肉較少，其緩衝能力較低，因此也比較脆弱。偏偏這裡又是足球運動中，經常意外受傷的部位，而「護脛」的使用，就是為了保護運動員的身體安全。護脛的材質多為塑膠，與皮膚接觸的部分則有軟墊，能夠減少摩擦。在目前的足球比賽中，護脛是運動員必須配戴的護具，

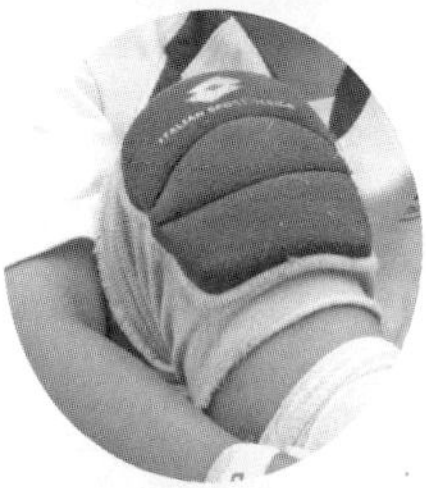

在某些硬地的賽事中，球員亦可穿戴護膝；而守門員因為會用手擋

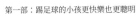

球，則有專用的手套。

在草皮的球場中，球員所穿的足球釘鞋，在鬆軟或濕潤的泥土地上奔跑和急停時，能夠提供較佳的抓地力。足球鞋的種類很多，功能也有所不同，價格從台幣數千元到上

萬元的都有。足球鞋中，最大的差別在於底部釘子的長度：釘子較長的足球鞋適合在草比較長的球場上使用，草短的草皮就適合釘子短的球鞋；而在硬地賽場上，則適合穿著平底鞋。正常而言，一雙足球鞋的壽命大約是半年至一年，取決於運動員的穿著頻率——依照我自己的經驗，每天練習的球員，大約半年就需要汰換球鞋；同樣的道理，一週練習兩、三次的球員，一年可能只需要更新一雙球鞋。

足球場上，球員的球衣背號也是值得觀察的重點之一，通常不同的號碼對應球員在場中的位置，大致來說1號是守門員，2到5號是後衛，6和8號是中場；

其中，7、9、10、11是前鋒位置：9號是中鋒，10號通常是球隊裡的核心球員。球衣背號10號的明星球員很多，包括有「黑珍珠」稱號的巴西球王比利（Pelé）和卡卡（Kaka）、阿根廷球王馬拉度納（Diego Maradona）和梅西（L. Messi）、法國的席丹（Z. Zidane）與英格蘭的魯尼（W. Rooney）等，都是各隊裡赫赫有名的王牌一哥；其他像是英格蘭的貝克漢（D. Beckham）與葡萄牙的C．羅納度（C. Ronaldo）穿的則是7號球衣。不同的聯賽對於球衣背號有著不同的規則，比方像是數字的上限，通常球員的背號不會超過三位數，就是99號以內。有時候某些球員如果有特殊的貢獻，當該球員退休時，俱樂部也會讓他所擁有的球衣背號跟著退休，以資紀念。

7號C· 羅納度。（By Jan S0L0/ CC BY-SA 2.0）

1-2

重質不重量的日常訓練

無法保持專注的最佳狀態，
那麼無論多長時間的訓練，
效果也是非常有限的。

雖然具有國際足球職業教練的資格，也累積了許多年的教練實戰經驗，但我也是近些年退役之後，才開始接觸兒童的足球訓練。在其他足球產業相對成熟的國家，足球學校是職業足球員起步的初級機構，提供十八歲以下的兒童和青少年球員接受系統性的訓練，而職業足球俱樂部也都與這些學校保持密切關係。職業球探會長期觀察足球學校的學生，選擇優秀的球員進入俱樂部，接受更深入的職業足球訓練。

目前在台灣，職業足球的環境尚未成熟，但我們都知道教育是一個產業發展的根基所在，對我來說，現階段最主要的目標就是建構好的本土足球學校，撒下足球的種子，讓更多的孩子接觸進而喜歡足球，然後把這樣的風氣帶到家庭、學校和社會，使足球成為一種普遍的生活樂趣。

訓練的黃金年齡

對於小朋友來說，「好玩」絕對是促使他們對某件事情感興趣的優先重點，因此在足球訓練中，「玩」絕對是引發興趣的關鍵。一開始，我會建議從來沒有接觸過足球的孩子先參加一週一次的興趣班，讓他們在遊戲的方式中熟悉足球。在這個階段，教練會設計一些和球有關的小競賽或小遊戲，讓孩子們邊玩邊學，同時建立帶球和控球的身體技巧。

等到有了一定的基礎後，我們就會建議還想更進一步學習的足球小將加入進階的訓練班。運動醫學認為，九到十二歲是人類神經系統發展力最強的階段，這對於足球球員來說，也是訓練的黃金年齡。對於有些小朋友來說，踢球是件有趣

asics

的事，但他們並不想接受比較辛苦的訓練；而對於有志朝向職業之路的小球員而言，他們可能很早就體認到自己需要「訓練」這件事。這種自發性的自覺，也讓他們體認到接受教練給予的訓練指令，不僅有助於自己的成長，也有益於球隊的團體發揮。

以我的經驗，十三至十四歲的青少年就已經有足夠成熟的心智，能認知到：若是想成為好的球員，接受訓練是必要的。他們也願意自我挑戰，接受比較辛苦的練習內容。

一天訓練多少小時才適合？

有個理論是這樣的：假如你要掌握一項技能或是成為某個領域的專家，至少需要一萬小時的訓練。如果以一天八小時、一週五天來計算，至少需要五年。於是有人就會問我：假如我一天練習八小時的足球，一週練習五天，那麼五年之後，是不是就一定可以成為菁英的足球運動員？

答案當然是否定的，因為人不是機器，無法如此量化概括。在我的經驗中，訓練的「質」絕對是比「量」來得重要。如何有效地完成訓練，並且達成最好的效果，才是關鍵。

我認為最佳的訓練時間長度一天是九十分鐘，其中六十至七十五分鐘是專注的練習，剩下的十五至三十分鐘則以比賽的方式測試練習的成果。就像我前面提過的，球員的專注是賽事的關鍵，而專注在訓練效率中也同樣重要。換言之，假如在訓練過程裡，球員無法保持專注的最佳狀態，那麼無論多長時間的訓練，效果也是非常有限的。

球員在進行訓練的每分鐘都應該保持專注，有所不同的只是訓練內容的強度安排，而運動強度又得看每個人的身體情況來決定。簡單來說，一個人的最大心跳率是二二〇減掉年齡之後的數字，再由這個數字來判斷運動的強度。在足球職業隊的訓練中，一節訓練的時間從六十分鐘到一百二十分鐘都有，時間越短的訓練強度越大，而強度越低，訓練的時間就會越長。

對於學齡兒童來說，除了踢球，也需要兼顧課業，一週數次、每次九十到一百二十分鐘的足球練習，對於小朋友來說，並不會造成過大的體力負荷，而影響到其他的功課。

紀律與戰術同樣重要

在足球學校裡，每位教練的訓練內容與風格可能稍有不同，但大致上來說，在九十分鐘的練習中，教練會把重心放在體能、個人控球訓練以及整體戰術等三個面向上。三十分鐘的比賽練習中，教練則要考核球員在戰術與紀律上的實踐，一則驗收訓練的成果，一則作為之後調配訓練內容的依據。

我特別說明一下這裡提到的「紀律」，指的是球員能否遵守教練給予的指示，包括賽場上合宜的行為規範，以及是否記得自己被安排的位置與執行被賦予的任務。在比賽中，教練有責任給予最佳的戰術指導，而球員則必須要聽從安排完成任務。假使有球員不服從教練的指令，就會影響到整體球隊的運作，教練就能夠視情況更換球員，以利賽事的進行。因此，即便是兒童球員，也需要從小灌輸他們尊重教練的觀念，而這也和全隊的團隊合作息息相關。

和球員在練習賽前講解戰術。

此外，「紀律」也包含球員平時的「自律」。以小球員來說，如何合理地分配時間與精力在運動和學業上，就是一種「自律」：你必須制定學習和練習的時間表，然後按照計畫進行。

對於年齡再大一些的球員來說，包括飲食、個人健康管理、時間安排、日常行為……等，也都屬於「自律」的範圍。

一樣都是一百公尺的距離，在跑道上是百米衝刺，在球場上就是帶球移動——同樣都是跑一百公尺，兩者有何不同呢？簡單來說，一百公尺的距離，假如速度快一點，大概十幾秒內就可以完成：你可以不假思索地一口氣跑完，但帶著球跑就不一樣了，因為在速度上就快不起來。你必須要配合呼吸的節奏跑動，而且在足球場上，直線帶球跑可能不見得是最好的選擇。在移動時球員必須要兼顧技術與戰術，同時觀察和思考目前的情況，做出最適當的判斷。

在足球運動中，聯賽制度的建立也有助於球員的訓練。在盃賽或聯賽密集舉辦的球季，比賽和比賽之間會有間隔，球員和教練就可以利用賽事之間的空檔，進行針對性的訓練。針對性指的是可以依據前一場比賽中的球員表現做檢討，並且提出改善的方式；強化訓練之餘，也是在替下一場比賽做準備。球員在經過一個球季的密集訓練之後，通常會吸收得更多，也學習得更快。

密集有效率的移地訓練

許多球隊都會舉辦「移地訓練」，而對於小球員來說，這樣的活動也有助於程度的提升。以陳信安足球學校來說，這樣的活動大都在小朋友放寒暑假時舉辦，比較不影響學校課業。移地訓練的內容，顧名思義就是換個訓練的所在，通常我們會依據經費來決定地點，目前多為亞洲的鄰近國家。當然，預算足夠的話，也可以選擇到歐美等地。移地訓練實施的方式是將球員集中，在這段時間裡以團體的方式生活和學習：有些校隊運動員平時就集中在宿舍住宿，但在俱樂部踢球的孩子，彼此相處的時間僅限於日常練習的那幾個小時，移地訓練則會因為大家集體行動，吃住和踢球都在一起，進而彼此更加熟悉，也增加默契。

此外，在移地訓練中，我們也會安排球員和國外的球隊比賽，以球會友，接觸國際也增加經驗。通常移地訓練之後，球員的普遍技術水準都會有所提升；而且不同地方的文化交流，也在自然而然中累積。像是今年（二〇一七）夏天，陳信安足球學校就預計在泰國和日本進行移地訓練——之前我們曾經去過日本，而泰國則是第一次，或許兩者之間的硬體或軟體有些差異，但可以期待的是必定會有一番不同的體驗。

2017 年香港（上圖）和曼谷切爾西足校（下圖）移地訓練。

【足球教室】足球員的營養學

人體無時無刻都需要能量以維持生命機能，而能量的來源則是食物的攝取。身體的基礎代謝、食物消化和吸收功能的維持以及活動，都在消耗能量。舉例來說，一個青年男子需要的日常能量為兩千五大卡，運動員因為活動量大，所需要的能量自然也較多，一個職業球員的日常練習大約就消耗一千五百大卡，在比賽準備期的密集訓練中，一天甚至需要五千大卡。

人體所需要的營養素有五大類：碳水化合物、脂肪、蛋白質、維生素和水分。均衡的飲食除了是所有人維持健康的所需，對於運動員來說，營養的補充更是與運動表現息息相關。

以足球運動來說，球隊會對於球員有完整的身體監控，例如在訓練

前後測量體重。由於運動會使流汗量增加，因此格外需要注意補充水分，運動員在訓練後體重不應減少訓練前身體重量的百分之二。

對於小球員來說，均衡的飲食就能夠提供運動所需的能量。人體主要的能量來源是葡萄糖，它能夠迅速分解為人體所用，同時也能以糖原形式儲存於肝臟或肌肉中。葡萄糖的來源是碳水化合物，而這些可以從麵粉、米飯和五穀中攝取；假使糖原缺乏，就會降低肌肉耐力與腦部運作，使得運動時間縮短並降低運動表現。以下列出比賽前、中、後的幾項營養補充要素。

比賽前：缺乏營養會導致比賽表現下降，例如糖原缺乏、低血糖、缺水、電解質不平衡和腸胃不適。根據研究數字，高碳水化合物的膳食將有助於運動表現，例如延長運動時間一至兩小時、高強度運動增加三至六分鐘等。因此，我們會建議運動員在賽前數天攝取大量碳水化合物，同時於比賽之前的二十四至四十八小時減少練習強度。

比賽當天：比賽前的四小時，建議運動員大量攝取碳水化合物，並且減少攝取脂肪、蛋白質和纖維，肉類部分以白肉較為適合。熱身前避免飲食，但必須補充大量水分或是運動飲品。比賽進行中要注意維持身體的水分和電解質平衡，可以適量補充流質食物，並以碳水化合物為主。

比賽後：激烈運動後人體內的糖原儲備大量下降，運動員必須在賽後兩小時內補充碳水化合物和水分。

整體而言，無論是賽前或賽後，運動員都必須補充足夠的碳水化合物，並在訓練和比賽後攝入少量蛋白質以恢復身體能力，而比賽時與比賽後都要補充流失的水分。

以運動員的膳食營養比例來說，職業選手需要百分之六十五至七十的碳水化合物、百分之十五至二十的脂肪與百分之十五的蛋白質。

青年球員需要百分之六十至六十五的碳水化合物、百分之二十至二十五的脂肪與百分之十五的蛋白質。業餘運動員則需要百分之五十至五十五的碳水化合物、百分之三十至三十五的脂肪與百分之十至十五的蛋白質。

陳信安足球學校防護隊醫陳詠仁

【足球教室】防護隊醫陳詠仁——建立正確防護觀念，減少運動傷害。

關於足球運動傷害的預防與治療，因為涉及到運動醫學的專業，特別邀請亞士堡國際有限公司的總經理、同時也是現任防護隊醫的陳詠仁，提供一些基礎的防護與治療觀念。目前亞士堡也和陳信安足球學校簽署了合作備忘錄，給予有效的建議與協助。

「『運動』包含了肌肉的收縮、心智的活動以及競賽或娛樂性質的身體活動；『傷害』指的是，由於一次或多次的內發性或外發性作用力，對活體組織所造成的破壞結果——『運動傷害』的定義在於說明，凡是和運動有關而發生的一切傷害都可以列入運動傷害的範圍。儘管有關運動傷害的定義沒有固定的敘述，廣義來說，運動傷害代表人體在各種不同的活動下所產生的傷害；狹義而言，運動傷害是指因運動而產生的身體特殊傷害情形，以有別於日常生活中一般身體肢體的傷害。」陳詠仁說道，而他也指出，運動傷害的主要原因，大致有幾種可能：熱身與伸展不足、收操動作不完善、肌耐力不足、肌肉柔軟度降低（肌肉僵硬）、關節穩定性訓練不足、體脂過高和運動姿勢不正確等。

運動傷害又可以分為急性和慢性兩種：

一，急性運動傷害。單次的受傷，例如：肌肉拉傷、韌帶扭傷、挫傷、骨折、關節脫臼、開口的創傷（擦傷或裂傷等）。

二，慢性運動傷害。累積多次微小傷害而造成的身體病變現象，例如慢性肌腱炎、關節炎、疲勞性骨折等。

根據陳詠仁的觀察，在足球運動中比較常見的運動傷害有下列幾項，「包括腿後肌拉傷、腳踝扭傷、膝蓋疼痛、脛骨疲勞性骨折、腿後肌傷害預防、跑者膝、足底筋膜炎、踝關節扭傷、髂脛束症候群、肌肉拉傷等，而目前關於運動傷害的治療，則可分為冷（冰敷）、熱（熱敷）、光（激光或紅外線治療）、電（電療法）、水（水療法）等幾種。然而當傷害發生時，務必要尋求專業的醫師診療；在傷害發生前，我們可以加強的是提高運動員的防護意識，也就是『預防勝於治療』。」陳詠仁說道：「不要期待什麼都不做，運動傷害就不會發生，或是發生了也會自動痊癒。」

「開始運動之前，一定要暖身及伸展肌肉，伸展運動會拉長肌肉纖維，加強功能。如果你固定在運動前後做伸展運動，你會發現身體變得更柔軟，姿勢、平衡和可動範圍也有所改善。伸展運動的重點在主要的肌肉，例如股四頭肌、大腿後側肌群、臀肌、小腿、腳踝和髖部屈肌，以及腰椎等次要部位。先做五到十分鐘的有氧暖身，再做一系列伸展運動，接著才開始訓練。運動後可以再做一些伸展動作，是很好的緩和操。」

除此之外，陳詠仁也歸納出下列幾項正確的防護觀念：

一，找出運動傷害危險因子，進行運動傷害預防輔助訓練。

二，運動員確實進行體能及肌耐力訓練。

三，平日做好肌肉與關節保養。

四，不管有沒有傷病，養成固定冰敷習慣。

五，正確使用運動護具，保護關節與肌肉。

六，運動員的膝關節與踝關節加強穩定性訓練。

七，運動員之間學習相互按摩與伸展運動。

八，應正確使用無副作用的按摩膏。

九，正確操作運動貼布保護關節與肌肉。

十，受傷後一定要在肌肉強化復健完畢後，才能返回運動場。

十一，進行正規訓練與比賽，避免二次受傷。

小球員的訓練黃金時期，和青少年的身體發育階段，基本上是重疊的，因此格外需要加強運動防護觀念的建立。這包含了前面所述的運動前熱身、運動中的保護措施以及運動後的收操。除此之外，陳詠仁也提醒，無論從事何種項目，運動員的核心肌群都需要被強化，「現在很流行透過重量訓練來強化肌肉或使肌肉結實，但我們必須留意的是：肌肉量並不等於力量。」陳詠仁以其超過二十年的運動防護工作與物理治療經驗提醒，核心肌群才是運動員身體彈性、延展度與力量的來源，而這樣的原則，也適用於足球運動中。

「發育中的小球員，在三餐正常的營養飲食和足量的睡眠前提下，其實並不需要額外攝取太多其他的營養素。有些說法會建議補充含有葡萄糖胺、鈣質、高蛋白或維生素的營養品，但它們是否能真正被人體吸收，則視個人腸胃吸收的狀況而定；換言之，吃進去的不一定就有效。」陳詠仁提醒。

放眼世界體壇，運動員因為運動傷害而提前結束職業生涯的例子屢見不鮮，因此在國外許多成熟的俱樂部中，運動防護和運動醫學都是專業，但這樣的概念在台灣並不普及，「從事運動傷害的防護研發之後，我深刻感覺相關的知識應該從校園和兒童運動開始推廣——就像是陳信安教練一樣，替台灣的體育發展注入更多新血，」陳詠仁感性地說道：「雖然過程可能很慢，就像是教一隻大象跳舞，但總是要有個開始。」

（採訪整理．孫曉彤）

一朵花 成就不了一座花園

團隊的配合奠基於
每個人發揮自己最好的一面，
然後凝聚成整體的表現。

義大利的明星職業球員皮耶羅（Alessandro Del Piero）曾經說過這樣的話：「踢球是要用頭腦的，兩隻腳只是工具。」這句話道出了足球的重點，它不只是體能和技術的運動競賽而已，也具有戰術、專注、心智以及團隊合作等更多豐富細膩的心理層次：好的足球員，需要的是身體和頭腦的全方位鍛鍊；擴大來說，一個好的足球隊，關鍵在於全隊的合作，而非只是追求單一球員的個人表現。每個隊員都盡到本分，讓自己做到最好，然後彼此配合，形成團隊的力量。因此，球隊每個人扮演的角色，都非常關鍵；每位球員，也都能發揮自己的特質。

個性反映在踢球風格上

速度、敏捷度與身體素質，是每個人與生俱來的天分，但想成為頂尖的球員，光靠天分是不夠的，還需要投入大量的努力。有趣的是，當球員的努力累積到一定程度之後，他本身具備的天分和條件優勢就會顯現出來。

用「天分」來談，可能大家會覺得有些抽象，但如果用「體型」舉例說明，會比較容易理解。大家看球賽時，可能會發現幾乎所有的足球運動員的體型都是結實勻稱的，很少有胖壯身材的球員，原因是無論是平時的訓練或比賽，球員都需要頻繁地跑動，長期持續下來，身體自然不容易發胖。

我記得小時候踢球，大家總會開玩笑，要體型比較胖壯的隊友去擔任守門員，因為他們可能跑得比較慢，但高壯的身材可以降低被進球的機會。但我現在當教練後，反而會認為守門員應該要找球隊中素質最好的選手。為什麼呢？道理很簡單，其他的球員在場上只能用腳踢球，但守門員則是手腳並用，同時還要反應快、身體靈活。

一支隊伍裡，通常會有二至三個隊員固定接受守門員的訓練，包括大量的反應訓練，在訓練的內容上比其他球員多出許多。在足球領域，有個幽默說法是：守門員是訓練時最累、但比賽時卻最輕鬆的球員。有的時候在賽場上，其他球員得滿場跑，但如果對手的球都一直沒有靠近球門，守門員就沒有太多發揮的機會。

以身高來說，國外曾經有人做過統計，得出理想的足球員身高，約為一七五至一八〇公分左右。我自己的身高是一七一，雖然不及上述的數字，但卻不影響我在球場上的表現。根據我的觀察，足球球隊中身形較壯、身高也比較高的大都是守門員，因為他們需要體型的優勢來防守。他們的身高可能會在一八〇公分以上，有些國外球員有一九〇公分、甚至二〇〇公分的高度；其餘除了中後衛因為會需要以頭部頂球，有時會出現身高較高的球員外，場中其他位置的球員，都沒有特別的身高要求。

那麼，該如何安排球員們的戰略位置呢？

這個時候，每位球員的技術和性格特質，就很重要了。就像我們前面說過的，足球講求的是團隊合作，而團隊的配合則奠基於每個人發揮自己最好的一面，然後凝聚成整體的表現。在足球比賽中，防守和進攻兩者缺一不可，而這兩種類型的球員，在團隊中也同樣重要。

從小踢球到現在，我的觀察心得是：一個球員平常具有什麼樣的個性，大都會反映在他踢球的風格上。比方說，打前鋒的球員通常個性比較積極開放，也較具有冒險性格；中場位置的球員則大都性格穩重；後衛則一般是隊上個性最冷靜的；守門員則分成兩種極端，一種是活潑好動而且稍具侵略性，另外一種則是沉穩可靠的類型。

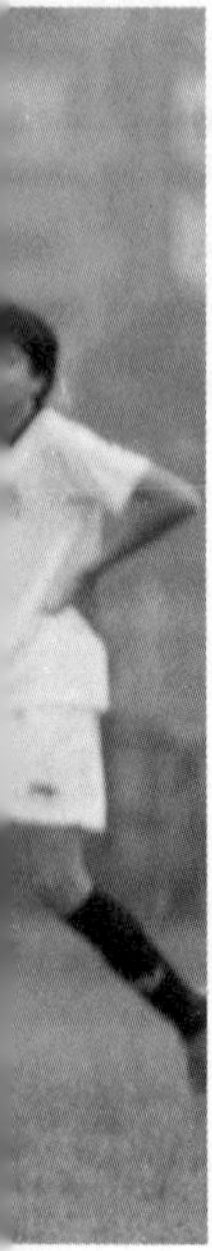

無論如何，一支好的球隊，每個球員都必須非常靈活，在賽場上每個人都必須要眼觀四面、耳聽八方。除了注意對手的攻勢之外，也要留意自己隊友的位置和狀態，隨時保持專注和靈活。我記得曾經看過一篇文章，在討論如何從四個要素中看出球員的潛力，這四個要素的英文字母開頭組合起來，恰好是「TIPS」，也就是：技術（Technique）、洞察力（Insight）、個性（Personality）和速度（Speed）。以我多年擔任教練的經驗，上述的「技術」和「速度」有時候是球員的天賦，而「洞察力」則可以透過後天的訓練。四個要素中最重要也最關鍵的，其實是「個性」，這關係到一個球員的態度和意志力。天賦和訓練程度相當的球員，後來卻有不同的表現，原因往往來自於他們的個性，也就是人們常說的：性格決定命運。

團隊合作之必要

我曾經看過一個世界級明星球員的紀錄片，攝影師在球賽中，鏡頭就鎖定那位球員的一舉一動——讓人訝異的是，除了個人的進攻時刻之外，無論他在什麼位置，眼睛始終環視著這個球場，隨時掌握場上的細微變化。

這告訴我們，足球運動在追

求個人的亮眼表現外，團隊合作也是絕對重要的關鍵。就算是明星球員，也不能失去與隊友和整個賽場的連結，而這些都靠平時穩固的訓練累積。

對兒童來說，用腳踢球與在球場上交朋友本身就是件好玩的事情。在足球學校裡，我們常常看到四、五歲的小朋友在球場上，總是所有人都追著球跑，每個人都想踢到球，奔跑的過程中充滿了歡樂的笑容。對於這個年紀的小朋友來說，教練會把重心放在引導他們增加對於足球的興趣，讓他們盡情玩耍，而不給予太多的限制或所謂的訓練。讓單純的開心養成他們的運動習慣，也越來越喜歡踢球——我聽過有家長分享說，他的孩子喜歡足球的程度幾乎到了球不離身，甚至連晚上睡覺，也要抱著球一起入眠。

有了對於球的親切感之後，年紀再大一點的小朋友，就會開始在足球學校裡慢慢地接受到有系統的訓練，其中很重要的一環，就是團隊的合作。

有別於小小孩們追著球跑，這個時候我們會讓小朋友認知到，自己踢到球或是進球，並不完全是最棒的事——好的團隊合作，能使每個球員都發揮所長，更讓整個球隊變得更好。在這樣的前提下，隊員們就需要練習傳球和戰術，也必須培養默契與專注；如何助攻、如何在隊友需要你時就先站到對的位置、如何與其他隊友協力配合……這些關於「合作」的觀念和技術，就會在平日被逐漸納入到訓練的內容中。因此，你會發現，小朋友不再像剛開始時整群追著球跑，而是分散開來，用眼睛觀察，用頭腦判斷，同時開始思考和其他人的關係——而這就是足球中的團隊合作。

我很喜歡一段話：一隻燕子捎不來春天，一朵花成不了花園——這就是足球運動的精神。

【足球教室】德利士教練——進攻與防守的原則

對於球員而言，最大的目標是要在比賽中取得勝利，如何在比賽過程中達到這個目的，就可以有很多細緻的分析。對於十六歲之前的小球員來說，訓練的重心在於自我培養，所以我們引導他們觀察和思考自己所處的局面，去發現自己的優點和缺點——觀察現象、找出原因與改善現狀。在這個階段，教練比較不鼓勵球員去分析別人的優缺點，通常會等到球員更成熟之後，才會展開對手的情報搜集和分析。

一場球賽大致不脫四種局面，分別是：（一）攻擊、（二）攻擊轉換成守備、（三）守備、（四）守備轉換成攻擊。

簡單來說，攻擊的用意在於進球，也要注意自己不要失球。守備的用意在於守住球門，並搶回控球權；而另外兩種狀態則是介於攻擊與守備之間的轉換階段。

以下將列出攻擊和守備的幾項原則，而這些原則分別是相對應的狀態：

攻擊：突破、拉開寬度與深度、機動性、創造性。

德利士教練。

守備：拖延、密集與深度、平衡、控制。

攻擊時以突破對方的防守為主；守備的目的在於拖延對方的進攻。

攻擊時盡量拉開自己的站位與陣型；守備時則需要密集和有深度的防守位置。

攻擊時加強自己的機動性，例如跑位和擾亂對方；守備時則要保持陣型平衡，不被進攻方所擾亂。

攻擊時採用具有創造性的戰術，發揮創意；防守時則以牽制進攻方為主，控制局面。

小球員在十二至十五歲左右是自我培養的黃金時期，此時他們的學習能力強，神經系統也處在發展的巔峰，很適合強化肺活量，而這些可以透過跑動等有氧運動來達成。在比賽中，無論是有球（on the ball）或無球（off the ball）都需要保持好的視野、位置、腳步和站位等，

並且積極參與比賽。

以下列出攻擊與防守時，球員行為是否正確的幾個檢查項目：

攻擊時

一，球員有沒有做好觀察（面向、腳步、轉頭）？

二，有沒有要積極向前突破而不失球（射門、傳球、控球、運球、盤球、護球、站位、動態的技術）？

三，有沒有利用球場的寬度與深度？

四，所有球員有沒有隨時參與比賽（支援、突破性跑位、影響對手的行動、機動性、保持多種選項）？

五，有沒有與隊友做好的溝通（眼神接觸、聲音、行動、手勢）？

六，態度：積極求勝、敢冒險與挑戰、不怕失敗、身體接觸、韌性。

守備時

一，球員有沒有做好觀察（面向、腳步、轉頭）？

二，有沒有積極想要攔截球（好的準備）？

三，有沒有積極快速去接近有球的球員（若控得不好可以搶球）？

四，若拿球球員背對攻擊方向，守備球員是不是快速接近不讓對方轉身？

五，有沒有快速接近拿球球員進行壓迫，不讓對方繼續向前？

六，有沒有做到 Challenge & Cover（壓迫、密集與深度）？

七，態度積極、預測、有韌性、利用身體搶球、拿回控球權。

根據以上幾個要點檢查之後，就要進行狀況分析。分析的過程是：發現現象、找到發生的原因，然後指出自己需要改善的部分——究竟問題出在哪裡？一般來說，球員可以從幾個部分去思考，例如：觀察

是否不正確？是否未與隊友良好溝通？是否戰術判斷出了問題？是否為鬥志或體能的不足？技術是否還需要加強？

在球員訓練中，我們通常會鼓勵球員自己去思考和解決問題，而不是把判斷的工作都交給教練。我一直認為，球員難免有判斷錯誤的時候，但失誤在學習階段是好事，因為有失誤才能夠學習。不要怕失誤，而是要勇於嘗試——這才是踢足球讓人快樂的原因。

（採訪整理．孫曉彤）

※德利士為陳信安足球學校教練，詳見頁一七八訪問。

1-4

當個最棒的足球家長

身為過來人，
我知道運動員是條艱辛的道路；
但身為父親，
我全力支持孩子實踐自己的夢想。

我是教練，也是足球家長

踢了幾十年的足球，對於自己的小孩，其實我並沒有要他和我走上一樣的職業運動員之路；因為身為過來人，我知道這是個很精彩、卻也很艱辛的選擇。

我只有一個兒子，或許是因為家庭教育的耳濡目染（我的太太是體育老師，也是前女子排球國手），在台北讀美國學校的他從小也喜歡各種運動；印象中，只記得他熱中打高爾夫球，關於足球，倒是真的沒看過。

一直到了十一、二歲時，因為在學校跟同學接觸足球，他才真正開始踢球，而且還越踢越認真、越踢越投入。其實在兒子小的時候，我也經常帶他一起去比賽或觀戰，但始終不見他對於足球顯露出什麼特殊的喜愛。因此，當我發現他認真投入到足球之後，老實說還有些意外。

右頁圖：陳信安教練的兒子陳奕言，和父親選擇走上同樣的足球之路。

以他當時踢球的年紀，其實已經是前面提過的黃金訓練期的後半段，比起其他更早接觸足球的同儕來說，起步算是稍晚，所以他常常抱怨我這個國腳老爸，為什麼不早點逼他踢球？

我一直覺得，即便是小朋友，也有判斷事情的能力。像是足球，相信所有孩子在初接觸時，都會因為它的充滿樂趣而著迷，此時身為家長，我們要扮演的就是引導和鼓勵的角色，告訴他們，如果喜歡就要投入、就要好好地練習。等到小孩再大一些，開始有了「我要成為一個好球員」的念頭，家長要做的就是提醒他們，有夢想很好，但要如何讓夢想成為現實，就要進一步的思考與努力。

當我的兒子立志成為一位足球員後，我能做的就是盡我所能地陪伴與支持。比起其他家長，或許我能夠在專業技巧上多提供一些指導，但回歸到父親的角色，我所做的，只是在他確立目標之後，協助他做出有效可行的計畫，並且按部就班地執行。比方說，因為足球需要持續練習，勢必會用掉一些課後時間，所以時間分配就需要思考和規劃。我的原則是，球隊的孩子們絕對不能因為足球而犧牲課業；到目前為止，我們隊上還沒有發生過因為踢球，而影響在校表現的情況。

足球可以是一生的愛好

在國外，足球除了是廣為流行的運動外，也是一種生活方式。像是日本，就有大型的足球用品百貨，例如連鎖的賣場KAMO，舉凡專業用具和服裝，一直到國際明星球員的周邊商品，應有盡有。歐美地區也處處可見運動主題的餐廳和酒吧，每逢重要賽事，球迷更是會齊聚

在日本的足球用品專門店 KAMO。（By holycalamity/CC BY-SA 2.0）

一堂，替自己支持的球隊集氣加油。此外，像是四年一次的世界盃這種全球性的足球盛事，也常替舉辦的國家和城市帶來許多的觀光收益——從各地湧入的球迷，創造出大量的足球商機；以這些大型賽事來說，通常球迷會有自己支持或喜歡的特定球隊，會主要觀看有支持球隊出戰的比賽，而比賽並不是天天都有，中間空閒的時間，外地來的球迷就會安排一些其他行程，比方說遊覽當地的知名景點或是造訪鄰近的城市，而這些遊客自然會促進相關的消費，成為另外一種足球經濟。

然而在台灣，人們對於足球產業的認知相對較少，這來自於整體產業的尚未發達，以及相關觀念的未能普及。這導致許多喜歡踢球的孩子，對於長大後的想像，

除了成為專業球員之外，似乎別無出路。當然，如果能成為專業的足球員是件好事，但喜歡踢球的孩子成人後，卻還有許多運動員以外的足球事業可以發揮，而這些結合了興趣與專長的職業選擇，我們會在後面的內容有更多詳細的介紹。在這裡，家長首先要具備的觀念是：足球可以是一輩子的愛好。

或許有人會疑惑：踢球可以踢一輩子嗎？答案是：當然可以！

職業足球運動員雖然有年齡和體力上的限制，大都在三、四十歲左右就會退休，但離開職業聯賽，並不代表就要停止踢球以及享受在球場奔馳的樂趣。就拿我自己來說，雖然已經年過半百，但我和過去的老隊友們還是保持著一週踢三次球的習慣，三不五時我們還會組隊去比賽，這群歐吉桑踢起球來，經常比青年人還要認真投入。像我們這樣熱愛足球的人不在少數，在足球盛行的國外，業餘的足球賽中也不乏五十歲以上、六十歲以上甚至七十歲以上的隊伍，真正是「活到

右頁圖：2006 年世界盃足球賽，由運動廠牌贊助興建的柏林「足球世界」（World of Football），吸引了來自世界各地的足球迷前來參觀。（By Times (private)/CC-BY-SA-3.0）

老，踢到老」。

在指導兒童足球之後，經常讓我感到遺憾的，就是有許多小球員到了一定的年齡，就不再踢球了。其中的原因大都來自於教育體制下的升學壓力，還有一些女生球員，因為同性的足球伙伴越來越少，也慢慢放棄了足球（在兒童足球中，是男女混合訓練的，因為青春期前男生與女生的體能差距不大，而成人足球就採取女子和男子的分隊訓練與比賽）。

如果不考慮以運動為職業生涯，其實足球也是一種很好的運動，特別是對於孩子來說，養成運動的

習慣，不僅有助於身心的健全發展，也有益於成年之後的健康維持。另一方面，即便長大之後沒有繼續踢球，當個專業球迷也會是一個很有趣的嗜好——因為曾經奔馳在那片綠油油的草地上，更能夠體會球賽中各個球員踢球的節奏與細節——那樣直接的身體感覺，絕對會是生命中難以遺忘的深刻記憶。

所以我經常鼓勵足球家長和小朋友，如果現實條件允許，請盡量保持踢球和練球的習慣，你會發現，足球是你生命中忠實而有趣的好朋友。

從西班牙俱樂部到美國校隊

當我的兒子告訴我，他想成為職業足球員時，我是這麼跟他說的：「你自己真的想要做才做，這樣你才會把夢想變成現實。」

身為過來人，我知道運動員是條艱辛的道路；但身為父親，我全力支持孩子實踐自己的夢想。兒子在台灣的國中畢業之後，在友人的引薦下，我讓十四歲的他一個人赴西班牙念書和踢球。當時他加入的是西甲足球俱樂部，俱樂部有自己的宿舍和球場，也會安排球員在當地的公立學校就學，讀書和踢球兩者同樣受到重視。西班牙是歐洲的足球強國，對於專業球員的生涯規劃，有著完整的進程與配套措施，孩子能夠在那裡接受到最好的資源和訓練，替未來的職業生涯做更好的準備。

比起台灣，西班牙有更好的足球環境，但相對的，它的競爭也更為激烈。在那邊，所有的球員都是從小踢球，足球原本就是生活的一部分，俱樂部球員的素質都非常高。我自己就是球員，當時陪兒子剛到俱樂部立刻就發現，自己的孩子在程度上和其他同儕有明顯的落差，而他自己也知道這點。遠渡重洋，不光是在球場上很辛苦，文化和語言上的適應對於才十幾歲的孩子來說，也是一大挑戰。特別是他加入的那個足球俱樂部，幾乎集中了當地最好的球員，當時教練檢測他的程度，還驚訝地脫口說：「這個球員的水準很差啊！」

因為語言的障礙，剛到西班牙的兒子，只能用英文溝通，在學校的課業也完全跟不上，剛開始一共留級了兩年，之後才慢慢克服。站在父親的角度，我也不捨得孩子吃這樣的苦；但進一步想，孩子在這種情況下都能堅強面對了，家長反而更應該成為堅實的後盾，鼓勵他們解決困難；好在他的韌性很好，整體適應得不錯。

我還記得當時第一次陪他去西班牙，父子兩個一

與其他在西班牙的台灣球員到馬德里看比賽。

在西班牙的第二年，代表 Parquesol CF 參加 U-14 聯賽。

起在鄰近俱樂部的飯店住了十天，等到手續和事情都安排妥當，我準備獨自回台灣——我坐在計程車上，車子正要駛離飯店，轉頭卻看到兒子跑出來站在街口——回想起來，那一刻還真是心酸。後來隔了一、兩個月，我帶隊到西班牙比賽，又入住同一個飯店，這次問兒子要不要過來跟我住，沒想到卻被拒絕：他的理由是宿舍有管理制度，外出留宿的申請有些麻煩，住在宿舍比較單純——可見才短短的時間，老爸的心情還沒恢復完全，小孩子卻已經適應了新的生活。

大學時因為獲得獎學金，兒子轉去美國大學打校隊，一共在美國的堪薩斯待了一年半，現在又轉學回到西班牙的大學讀書並在當地的足球俱樂部踢球。他大學時主修的是運動傳播，除了職業球員外，也考慮將來擔任教練或是體育記者。現在成立了陳信安足球學校，我也正在跟他商量，希望之後「挖角」兒子回來台灣，一起為台灣的足球產業盡一份心力。放眼亞洲的足球生態，鄰近的日本和韓國實力都遠在我們之上；換個角度來看，台灣是足球運動的發展中國家，可能性和發展空間都還很大，而現在正是往下扎根與萌芽的關鍵時刻。換言之，現在踢球的小朋友，未來都很有可能就是台灣足壇中的主力戰將，而整體環境的推動，當然有賴於更多人的熱情與投入——就像是足球中的團隊精神一樣。

在擔任兒童足球教練的這幾年，除了小朋友隊員的彼此鼓勵之外，那些默默在場邊守護和支持孩子的家長們，也是足球運動中功不可沒的重要推手：挪出時間、空出假日，陪著球隊的孩子們練球和比賽，適時的給予協助……上場踢球固然充滿挑戰，但這群由家長所組成的應援團社群，則是足球場邊最美的風景。他們可能各自生活領域不同，但總會在固定的日子聚在一起，因為足球，拉近了這些家庭和家長之間的友誼和距離。

【家長的話】當足球成為 LIFESTYLE

——胤偉媽媽、宗霖爸爸、Mark 等家長，分享足球家庭的成長與喜樂。

春天微涼的清晨，天色還只有蒙蒙亮，台北市的街道呈現出難得的空蕩和安靜。當許多人還沉浸在週末不用上班上課的溫暖睡夢中，「足球家庭」的大人和小孩卻早就已經整裝待發，準備前往球場集合，展開充滿歡笑和汗水的練習與比賽。

在這裡，所謂的「足球家庭」指的是衷心熱愛與全力投入的家庭——通常是由孩子們踢球、家長們看球，然後逐漸把足球的文化感染到家裡的每個成員，有的時候只是一個孩子先開始，然後慢慢地把兄弟姊妹都帶到球場上。「足球家庭」最常集結出現的地方，就是假日各隊集合的練習賽：你會看到一輛輛駛進球場旁空地的車子，減速停下時就會開門衝出一個或數個以上的兒童球員，蹦蹦跳跳地到各隊的教練處集合暖身，彷彿迫不及待要好好大顯身手。

足球家庭的週末生活

球員們進行著上場前的準備，足球家長也忙著展開個人的觀賽設施：夏季遮陽用的陽傘、冬天擋風用的帳篷、雨天有防水的雨鞋和外套，露營用的摺疊椅或野餐墊是必備的道具，食物和零食更是不可或缺的能量來源。家長們因為每個週末的相見而彼此熟悉，通常在他們各自尋覓好合適的位置並將設備安置完成後，就會成群結隊地問候聊天——話題從近來小球員的表現、前場球賽的檢討與改進、當日各隊觀察與賽事分析……一直到如何有效清潔小球員的白色衣物與近日氣候等，都是機動性列入討論內容的議題。

家長們觀賽必備設施之一：摺疊椅。

等到球員熱身與家長寒暄都大致完成之後，正式的友誼賽緊接著展開，場上的球員認真賣力地投入比賽，場邊家長的專注觀察也不遑多讓——儘管球員和球場有一段距離，忠實球迷的家長們仍然能夠從球鞋的顏色、動作慣性、體型和位置，辨認出穿著一樣顏色球衣、衣服上沒有編號的小球員，誰是誰家的孩子。

賽事進行時，家長們的閒聊也還在進行，但他們並不會因此忽略了場上一記漂亮的傳球或可能的射門得分，沒有人會介意話題被情不自禁的大叫或驚呼所暫停，但也沒有家長會隨意衝進場上打斷賽事——球場上，沒有需要幫忙不停遞水擦汗的媽寶，只有樂在其中的球員，以及愛他們勝過一切的觀眾。

「每週比賽的場地都不一樣，今天是在淡水，我們也沒有去過。」一邊發動車子，一邊用手機設定路線的是倪胤偉的媽媽——標準的足球家庭。倪胤偉還有一個也踢足球的哥哥倪培胥，因為今天有其他行程，爸媽於是決定兵分兩路，一人負責一個。「你等一下要幫我導航喔！」胤偉媽媽回頭，跟坐在後座的小球員這

小球員練習後，家長們準備食物在球場野餐。

麼說。

我問她，週末要這麼早起，大老遠開車送小朋友去踢球，會不會覺得很辛苦？「習慣了啦。」媽媽駕駛認真注意路況，一邊搭話：「週間上班上課也是早起，所以平常也滿早睡的。」

我進一步追問：假日都跟小朋友泡在球場，會不會覺得沒有自己的時間？

「小孩子很快就長大了，再怎麼陪也就幾年而已。」她沒有馬上回答我，而是慢慢減緩車速，直到在紅燈前平順停止後，才轉過來這麼回答我。

◎在球場邊，幾乎所有的足球家長都跟胤偉媽媽有一樣的想法——盡己所能地陪伴孩子成長，用自己的方式，記憶那些稍縱即逝的點點滴滴。「我只是在記錄小朋友的成長而已啦。」家長們一致推舉總是認真拍攝錄影每場比賽的蔡宗霖爸爸為代表，談談他歷年來完整搜集的球隊影像資料。

在場邊看著孩子的成長與進步

「我只是在拍全隊整體的移動，不是拍個別的球員，所以需要把攝影機架高一點才能看得到陣型。」宗霖的爸爸一邊靦腆地說明，一邊調整腳架的高度，讓它穩穩地立在不甚平坦的草坡上：「陳信安教練的理念是全隊進攻、全隊防守。台灣以前只看明星、只管球員能否跑在最前面或進球，但多年來台灣足球在國際上的落後排名，說明這種觀念不可行。國際的強隊不是這種單一球員的打法，所以陳教練才會要求團隊合作，隊員之間默契要很好。」

家住新竹的宗霖爸爸說他兒子從幼稚園開始，就在公園的幼兒班踢足球，原本只是希望孩子養成運動的習慣，沒想到卻越踢越有興趣。之後，念小學的姊姊放學時間跟足球班衝突，只好放棄讓弟弟踢球：「結果他很生氣，因此兩、三個星期不跟我說話。」之後宗霖上了小學，公園球隊開了假日班，他才繼續踢球。

「宗霖在公園球隊從一年級踢到三年級，三年級的暑假我們才轉來陳教練這邊，直到現在小學六年級。」宗霖爸爸口中的「公園球隊」指的是他們新竹住家附近，一個教練在公園裡組織的足球隊，成員是二十多個喜歡踢球的學齡兒童，從幼稚園到小學中年級的都有：「成長中的小朋友身形差異很大，有時候大的在打小比賽，小的就在旁邊玩沙玩石頭，訓練效率不是太好。還有一個原因是，我觀察下來，不太認同教練的教法。」

當時宗霖的教練採取的是嚴厲的路線，只要球員犯了錯誤，就會遭受責罵。在某次比賽中，不曾接受過正規守門訓練的宗霖被指派擔任守門員，結果因為接連幾次失誤，終於被氣急敗壞的教練罵到哭了出來。「小朋友當時才九歲，原本就是要從錯誤中學習。他被罵哭之後，教練還繼續兇說『不准哭』。中場休息時我就把孩子叫到場邊來，跟他說：『我給你兩個選擇：一個是爸爸馬上帶你走，下半場不比了；第二個是你繼續踢，但不要理教練說的。』後來，他還是選擇回去把比賽踢完。」因為這次事件，讓宗霖爸爸決定要換個教練，而因為過去曾經在其他友誼賽中造訪過台北大佳河濱公園的迎風球場，宗霖爸爸於是自己上網去查球場維護的單位，輾轉之下聯繫上了陳信安教練。

「那年暑假，我們報名了陳教練的菁英測試，原本我認為，宗霖這種公園球隊出身的，入選的機率可能不大，只是想說來見見世面——沒想到他通過了。」而從那時開始，宗霖和爸爸便展開一週兩次、來回台北和新竹的練球生活，「我們

家長們在足球場邊記錄孩子的成長。

在這邊踢球三年了，陳教練大概跟我說過不下二十次『這樣來回太辛苦了』。」宗霖爸爸笑說，後來認識了球隊裡另外一個也住在新竹的小球員穆軒嵦，一週兩次的練習就改為兩家人輪流開車——兩個家庭的大人和小孩一起拼車。

「不管是大人還是小孩，假日出來戶外呼吸新鮮空氣是件很好的事；我們在場邊看到孩子的成長跟進步，有時也會驚訝地想：『你怎麼忽然會這個！』當然啦，沒有東西是忽然就會的，而是之前的日積月累到此時才表現出來。」宗霖爸爸認真地調整錄影機的角度，眼神沒有離開過場上在陽光下奔跑的孩子：「看到孩子成長的過程，真的很棒。」

「我覺得陳教練的觀念很好、跟其他教練很不一樣，是我願意把小孩持續送來練球的原因。」宗霖爸爸說，陳教練在週間的足球課程，是開放給各隊的小球員參加，而非限定給自己帶領的球隊，這麼做的原因是希望透過教學，讓孩子們把所學到的內容和訓練方式，帶回到自己原本的隊上，這樣一來，就可以提升國內球隊的水平。陳教練近年引進英國切爾西俱樂部（Chelsea Football Club）的教學系統，也是本著強化台灣整體足球生態的理念。

◎

談到陳信安教練的訓練理念，另外一位平常擔任學校體育老師的許睿辰爸爸，也加入了討論：「陳教練不只想要經營一個小小的足球俱樂部，而是站在更高的位置，在經營過程中思考：如何讓台灣的足球更好。我自己不是科班訓練出來的體育老師，自己的經驗常讓我覺得孩子必須要接受多元刺激，才能開闊眼界，用宏觀的角度看世界。」

透過足球以宏觀的角度看世界

「像是現任德國國家足球隊的主教練勒夫（Joachim Löw），他訓練球員的方式就是多方刺激，比方他會帶球員去看美術展和聽歌劇，平常也要他們多閱讀，而他的教練團裡邀請來自籃球、手球、羽球等各個領域的教練當顧問，用不同的體育項目的技巧來激發足球中新的戰術——比方說，在籃球比賽中有擋人卡位的動作，這是過去足球中沒有的，但現在在足球場上就被運用了——球員太過封閉，就會失去創造力，因為人有慣性；但假如你使出對方意想不到的戰術時，就增加了進球獲勝的機會。」

「另一方面，陳教練在訓練中很要求團隊精神，這點也補足了台灣體制內教育所缺乏的特質；台灣的教育太導向同儕間的競爭，有時候一個個孩子看，都很優秀，但他們卻不知道如何團結彼此合作，而足球的訓練正好需要這種特質。」睿辰爸爸如此說道。我問他是因為自己原本就對足球有涉獵，所以才有這麼多細膩的觀察嗎？

「我只有以前大學時上過足球課，現在是陪小孩子踢球。後來認識了陳教練，才有機會跟他請教，自己也會看一些書和資料。」他說：「我自己平常比較喜歡慢跑，運動對我來說就是生活的一部分——如同有人喜歡聽音樂，那就是一種享受、一種當下的快樂。有時候要吸引別人加入運動，我們會說『運動很健康』或是『運動培養人的團隊精神』，但對於常運動的人來說，這些都只是入門的誘因和附加價值。真正投入運動之後就會知道，那是無所為而為的美好經驗，而那種迷人之處，要真正投入之後才會知道。」

為什麼孩子需要運動？

「我自己是體育老師，大多數孩子放棄運動的原因，都是因為還沒體會到其中的樂趣之前，就先放棄了。」睿辰爸爸如此觀察。

「以足球來說，原本單純踢球很開心，後來因為比賽有壓力，輸球又會失落而沒有成就感，此時家長如果沒有鼓勵孩子繼續堅持，可能就此放棄了。但從我的經驗來看，試一樣東西沒有超過一年半載的，不能就說沒興趣了，特別是小孩，久而久之會養成容易放棄的習慣。」睿辰爸爸說，他還記得自己第一次帶兒子踢球，結果踢不到五分鐘，小朋友就喊累。此時爸爸腦筋一轉，提議改玩搶球的遊戲——當然，在老爸的故意放水之下，搶到球的孩子有了成就感，越踢越有興趣，就一路踢到現在：「我覺得足球最棒的是，它可以是很好的基礎，腳的控球讓運動員的身體底盤很穩，就算日後要轉換成其他領域的運動也不是問題。像是西班牙網球名將納達爾（Rafael Nadal Parera）和ＮＢＡ的明星控球後衛納許（Stephen

John Nash）早年都是足球員出身。」

「人生很多東西到老了都還可以嘗試，但只有運動沒辦法，因為有生理機能上的限制：體力下滑、肌肉流失，不管技術再怎麼好，耐力和肌力都無法配合。很可惜的是台灣的教育對這方面很缺乏，也不認為運動是有價值的。所以我會鼓勵我的孩子多嘗試，像我的兒子和女兒都踢球——有些人說女孩子曬太黑不好，但我都跟女兒說，不要因為一些似是而非的標準犧牲自己的機會，價值和文化都應該是更多元的。」

「球賽看多了就會發現，專注在球場上是非常重要的，比方說那些世界頂尖的球員，真正觸球的時間幾乎不到一秒——那表示所有的思考加上動作，大概只有幾秒鐘的時間。以前看球賽都只盯著球，現在則會注意那些沒拿到球的球員，看

他們如何站位、傳球以及預測對方的下一步。現在看到孩子們在場上，對手只做了一個動作，我們隊上

的後衛球員就知道要往後退，這就是好現象，表示他們眼中除了球，還會依照敵人的位置做出判斷，這需要非常清晰的頭腦。」睿辰爸爸接著說：「陳教練說小球員最佳的訓練時期是九至十二歲，這也符合人體的生理科學：腦細胞會在三到六歲之間第一波大量增長，而第二波則是十歲左右。在這個時期如果讓孩子踢球，剛好給予腦部很多的刺激，對於日後的專注力、反應等發展都有全面性的幫助。其實在美國很多運動頂尖的大學裡，球隊教練的薪水都高過教授，因為一個好的教練需要各個知識層面都涵養，包括心理學、營養學、生理結構和運動醫學等，這樣才能幫助運動員全方位的發展——很可惜的是，台灣像陳教練這樣好的運動教練，還不夠多。」睿辰爸爸有感而發。

◎「我得過一九八七年第四十一屆的世界少棒錦標賽冠軍，當年的總統李登輝還親自頒獎給我們。」曾經也是運動小將的鄭爸爸如此說道，現在擔任警官的他有兩個踢足球的兒子，分別是十六歲的鄭子軒和十五歲的鄭仲良，目前都在陳教練的足球俱樂部裡踢球，擔任的是隊上守門員與前鋒的位置。「他們會踢球，其實是有點無心插柳——弟弟小時候有點過動症，有人推薦讓他踢足球，說是可以在運動中發洩精力，也可以平衡左腦。」鄭爸爸回憶：「結果後來他越踢越喜歡，整天都拿著球在踢，甚至出門倒垃圾或買便當，都邊走邊踢，晚上睡覺也要抱著足球。踢球之後，他的穩定性確實增加，更重要的是我看見孩子找到了寄託。」

體育與學業均衡發展

「原本我的大兒子是打棒球的孩子，後來看到弟弟踢球踢得這麼快樂，就主動告訴我也想一起到俱樂部踢球。」鄭爸爸說，鄭子軒原本就讀的是學校的體育班：「體育班的孩子，生活裡除了運動還是運動：他們早上五點起床跑步訓練，到了八點學校開始上課時，每個都打起瞌睡來，而老師也會認為體育班的重心就是運動，也不太要求學業成績。」

「他念國一時有天放學回家，我看他在寫東西，瞄了一眼發現裡面有很多注音和錯字，再仔細一看，發現竟然是封情書。」當時鄭爸爸又好氣又好笑，兒子才趕緊解釋說這是幫體育班學長寫的：「孩子告訴我，他的學長只會寫自己的名字，所以才請他幫忙捉刀。」

「當時我就驚覺，這樣下去是不行的。」鄭爸爸說道：「體育班的孩子都還在成長階段，生活裡不能只有打球，還需要基本學識的培養，而這樣的教育方式讓他們完全和社會脫節——這些孩子長大之後，在社會上和別人相比，幾乎沒有任何優勢。」因為如此，鄭爸爸決定讓兒子離開體育班回到一般的學校班級，和弟第一樣，平日上學放學，在課後和假日享受運動和家庭生活的快樂：「對孩子來說，開心是最重要的事；不開心的事，做起來都只是應付而已。」

理想的學生體育，就是應該盡情發揮

「我自己是走體育這條路的過來人，但後來我讀的是理工，現在的工作卻又和前述兩者無關。」鄭爸爸感嘆：「我常常在想，三十年前台灣的運動環境不成熟，三十年後的今天，情況有沒有改善呢？」鄭爸爸說，以前一起打棒球的球員朋友，後來大都從事和體育無關的職業，有些雖然進入職業棒球隊，但因為之前的職棒簽賭案，也對球員們造成了很大的衝擊：「運動員其實很簡單，就是喜歡運動，但因為整體產業的不健全——沒有經紀人制度、沒有生涯規劃、沒有完整的配套措施……所有的問題都是運動員獨自在面對。」

「提到台灣的棒球，大家想到的是王建民，但忽略了可能是一萬個球員裡，才有一個王建民；換個角度想，其他那些不是王建民的人，他們的出路為何？」鄭爸爸進一步分析：「在歐洲，所有的小孩都在踢足球，要成為球場上的Ｃ羅或是梅西，可能是幾百萬分之一的機會——所以他們的足球有很完整的產業鏈，從球隊經紀、防護員、管理員、醫生、公關、廣告行銷……熱愛足球的人，在職業上有很多選擇，就算不是在場上踢球的球員，也仍然可以從事和足球相關的工作。」

「現在的台灣，漸漸有了這樣的意識和風氣，我們需要打破舊有的迷思，才可以創造新的環境——就像對於孩子來說，想踢球可以參加俱樂部，而不是只能進入體育班。」根據鄭爸爸的觀察，台灣教育體制中對於成績要求，是最大的原因：「學校的體育班或校隊，要求的是全體的比賽戰績，訓練以球隊為核心，而非個別球員，球員很難有自己的發揮。我曾經看過學校的比賽，一場球打下來，教練在場邊吼來吼去，球員們變成教練的棋子，因為怕失誤而不敢犯錯，球賽變成教練在主導。但在俱樂部裡，教練先給予球員正確的觀念，球員經過內化後，演化出自己的方式。在俱樂部踢球最大的好處是，孩子就算輸球也可以很快樂，因為已經盡力了，輸了也無所謂，得失心不是唯一。」

「理想的學生體育，就是應該盡情發揮，而非求勝。我認為，新型態的兒童運動應該是兼顧家庭和課業的，不偏廢任何一個環節，認真生活、認真學習，也認真運動。」鄭爸爸如此說道。

◎

「Steven 從小學二年級開始踢球，現在是國二升國三。」從陳信安帶領的小孔雀球隊一路踢上來，Steven 的爸爸 Mark 說自己原本就喜歡看球賽，有了兒子之後，認為應該培養他從小運動的習慣，所以開始踢球：「會選擇足球，首先是因為他自己喜歡，再來就是因為他在家裡是唯一的孩子，透過足球的團隊訓練，他學習到如何跟別人合作、付出和分享。」

「小學的課業壓力還沒那麼大，所以他很想享受週末兩天的練習，在球場上也交了很多朋友，感情甚至好過於學校的班上同學——足球因為有比賽和練習，那是同甘苦、共患難的經驗，大家一起朝著共同的目標前進，他們彼此也會互相鼓勵和關心，這些過程都讓孩子們的感情越來越深厚。然而，上了國中之後，學校的課業壓力變大，參與足球練習的機會就減少了。我覺得這是很可惜的，如果說踢球是一種技術，這個技術沒有辦法繼續練習和加強程度，接下來就會開始退步，表現也就無法和其他繼續練習的球員一樣。」Mark說道：「這對一個小男生來說，或許就是他人生中第一個挫折——信心受挫。」

足球的天空很寬廣

「之前陳信安教練引進了切爾西的足球教育系統，Steven有去參加甄試，但後來他被告知沒有選上。」Mark發現，兒子因為這個事件而有些沮喪和感傷，甚至開始對於從小最愛的足球，顯得興趣缺缺：「另外一個原因是，和他一起踢球長大的隊友，幾乎都被選上了梯隊，而他只能回到小孔雀的興趣班踢球，但那邊的孩子卻又不是他熟悉的伙伴。」

「因為兒子從小踢球的關係，我和陳教練也熟悉多年；有人建議我說應該去跟教練說說看，應該就可以讓 Steven 進入梯隊，但我拒絕了。」Mark 說：「我不希望孩子認為，因為爸爸的關係，就可以享有一些特權。身為父親，我認為孩子應該要得到他的挫折，人生並非想得到什麼就可以得到，而要靠自己的努力。」

即便未能進入梯隊參與每週三次的練習，現在的 Steven 仍然維持著週末踢球兩天的頻率，而看待足球的心境，也從過去的高度投入，轉化為把踢球當成是運動的習慣。「身為家長，我不期待孩子能夠成為傑出的運動員，但我鼓勵他繼續踢球，因為足球，可以讓人學習到很多東西：比方說青春期的男生多運動，可以保持健康和開朗，而球隊所需要的團隊合作，也有助於他未來在人際或職涯的發展。」

Mark 說自己從小陪兒子踢球，自己也在場邊看球：「長期下來，在球場邊也認識了其他足球家長，大家會分享許多資訊：比方說，哪裡有好的活動、展覽或講座，可以帶孩子一起參加。足球還有個好處是，小孩週末在球場踢球，而非整天窩在家裡，進而讓大人們也走出戶外。」Mark 笑說之前有位家長靈機一動，提議既然孩子們都在場上運動，大人們也不該閒著不動——於是請來了一位體適能教練，在球場旁帶領家長們做運動。

脫離轉輪，需要勇氣

「比起其他國家，台灣的體育環境並不理想。」因為兒子踢球，幾年下來接觸不少教練的 Mark 觀察，台灣運動員經常必須面臨現實的殘酷挑戰——有些專業教練為了生計，必須兼職從事一些和體育無關的工作，而遇到國家級的賽事，政府才願意以並不優渥的條件徵召他們；比賽結束，他們又回到之前兼職工作的狀態。

「台灣長期以來最大的問題就是，教育體制和興趣發展兩者是衝突的，很多專業因為和學校課業沒有正相關，就被迫要放棄。」Mark說自己從小學鋼琴，陸續參加過許多比賽，也辦過發表會，卻同樣在國中時面臨課業壓力，最後只好放棄音樂：「從我那個年代就是這種情況，過了這麼多年，自己的小孩仍然面臨到同樣的狀況。現在我偶爾還是會把鋼琴打開，彈彈鋼琴，但難免會想像：假如當年自己堅持練琴，人生是不是會有所不同？」

「台灣的教育體制就像一個大轉輪，並不容許你不在轉輪之中。要脫離轉輪，對於家長或小孩來說，都需要很大的勇氣，以及一些機運。」Mark感嘆道。

◎

「喜歡足球的人通常都比較跨文化，因為各個地區球員踢球的風格都不太一樣，表面上是在看足球，但潛移默化下會吸收到很多東西。在國外很多地方，如果你穿著支持隊伍的球衣走在路上，大概都有機會碰到一樣的球迷，彼此還會互相打招呼。」倪胤偉的爸爸、同時也是人稱「倪桑」的資深音樂人倪重華如此說道。

教育並非只有考試和分數

倪桑說，自己原本也不懂足球，是兩個兒子接連開始踢球，又接觸到陳教練之後，他才深入足球的世界，而他們家也成為名副其實的「足球家庭」：「陳教練告訴我：『我教小孩子踢球，不是為了讓他們現在贏球，目標是要他們在十八歲之後發光發熱，成為頂尖的運動員。』這和我自己對於小孩的教育理念很接近，我一直認為現行的教育太注重考試和評鑑。我自己小時候也成績不好，覺得自己不會念書，為了找到存在感，於是開始聽音樂，音樂後來變成我的專業。十九歲服兵役時，我才覺得自己開竅了，讀台灣現代文學或是攝影類的書，一下子就看進去了。所以現在教育小孩，我也把關鍵放在十八歲，那之前都是醞釀期。」

倪桑說，他的大兒子、也是倪胤偉的哥哥倪培胥念幼稚園大班時，因為小學一年級的表哥的足球社團缺人，就一週找他去踢兩次，因為他跑得快，比較容易進球，就越踢越有興趣。「小時候我常帶著兒子運動，跑步和溜冰都有，原本是為了消耗他們的體力，」倪桑笑說，一開始溜冰一小時，兒子上車就累得睡著了，當下心想這真是太棒了，結果後來常溜之後，一溜可以溜六小時：「換成老爸我罩不住了。」

倪培胥升上小學五年級之後，倪桑決定幫他從原本的小學轉學到華德福。「當時我跟他說：『我們去一個不用考試、也沒什麼功課的地方。』他反問我：『不考試那怎麼知道有沒有學會？』這是個很妙的問題。」

「你踢足球也沒考試，那你怎麼知道你會了？」老爸又問。

小朋友想了一下，回答說：「會了就是會了。」

「假如考試前媽媽沒幫你複習功課，你自己去考試，你還會考得好嗎？」爸爸再問。

「不一定。」小孩很誠實回答。

老爸下了結論：「所以考試會寫不見得就是真會，但足球會的東西，會了就不會忘記，對吧？」小孩似懂非懂地點點頭，父子倆就此達成轉學的共識。

「看孩子踢足球，不是看他能不能進球或贏球，而是看他整體的表現。假如他一直進球，我就會說：進球很容易，但助攻才困難，要會傳球給有機會進球的人。另外就是團隊合作，我們教育裡沒有這個；我們的球隊很少贏球，有些教練會為了成績，而去找好的球員，但陳教練沒有這麼做，而是慢慢帶原來這批小朋友，我的大兒子已經跟陳教練踢了六年的球。我一直覺得，小孩在十二歲之前都是打基礎，十二歲之後才會慢慢看到成果，而這中間不能失去的，就是『好玩』的部分。有時候看一些職業隊在練球，看起來就像是一群大人在玩，只是他們技術很好。」倪桑說道。

一場最後踢完是〇比〇的球賽

成為「足球家庭」之後，倪桑笑說家長們最大的好處，就是再也不用去規劃假日的親子活動了，因為孩子們週末都與足球為伍。有的足球家長笑說，就算有時候天候不佳無法在戶外踢球，孩子們也是在家裡抱著球埋怨天氣。

「一個家庭有了足球之後，家庭成員彼此之間就因為有了共同興趣，而充滿凝聚力。」根據倪桑的觀察，大多數的足球家庭都是中產階級，在經濟還不錯的情況下，願意投入其中，以孩子為生活的重心——週末有時一場球賽結束，好幾個足球家庭相約去聚餐聊天也是常有的事：「這個時候，足球就成為社群主題與生活方式，是一種 Lifestyle。」

「足球跟人生很像，我最喜歡看到的是一場球賽，最後踢完是〇比〇——人生有時會覺得，幾十年過完卻好像什麼都沒有。但仔細回想，比賽中間總有幾個漂亮的傳球，得不得分反而不重要了——最後的勝負就是命運，不是自己能決定的。」

倪桑如是說道。

「二〇一二年，中華民國足球協會邀請了資深的日本足球教練黑田和生，長期來台指導，黑田教練很用心，連續三年居中協調，帶隊台灣的小球員到日本的神戶地區比賽。第一年我們去神戶時，他特別帶我們到附近的淡路島練習場，那裡是二〇〇一年日本主辦世界盃足球賽時，英格蘭國家隊的練習場，當時貝克漢也效力其中。黑田帶我們到那邊練了兩個小時的球，有點讓小朋友朝聖的意思。」

倪桑說，他記得當時球場邊上有塊石碑，鐫刻著「足球可以讓少年成長為大人，讓成年人成為紳士」（下圖），而這段話是由被譽為「日本現代足球之父」的德國教練克拉默（Dettmar Cramer）所說。「現在黑田在台灣不遺餘力地推動足球運動，也是希望國內的足球實力能夠提升，和當年克拉默對日本足球的願景一樣。」倪桑說道。

サッカーは少年を大人にし
大人を紳士にする。
感謝をこめて
2001年7月7日 サッカー仲間より

「因為足球，孩子們可以用更開闊的胸襟看世界。以日本來說，雖然我自己以前在日本念書，但接觸到的東西還是很表面的，因為足球的關係，我連續三年參加孩子的暑期移地訓練，才真正接觸到很多細節。」倪桑說，台灣小球員在日本住寄宿家庭和青年旅館，自己搭電車、搬行李，深刻體驗在地文化。第四年時，移地訓練因故未能繼續，倪桑便安排兩個兒子和另一個小球員，三個小朋友到神戶當地的一個足球家庭中一個月，平時就在寄宿家庭中吃和住，白天到當地俱樂部練習，「最後寄宿快結束時，我到那邊去接他們，一進寄宿家庭的屋子就嚇壞了，因為我沒看過日本人家裡那麼亂的。」倪桑笑說，儘管亂歸亂，但主人一家卻非常熱情善良——爸爸和孩子都踢足球，多年來已經接待了五、六十個寄宿學生：「他們的想法就是透過寄宿，讓孩子接觸到不同的文化。他們姓中村，現在都還是好朋友。先前兒子來台灣玩就住在我家，而爸爸則是長青足球隊的隊員，還曾經來台灣比賽。」

倪桑說，那次旅程中還發生一件有趣的事：某日他走在路上，巧遇一位剛抵達

2014 年菁英隊去日本奈良做移地訓練，也到了當地東大寺參觀。

神戶、卻一句日文都不會說的德國年輕人，聊天之下，得知他是一個模特兒，到亞洲來接了一份工作，領到報酬之後，就打算在亞洲旅遊一陣。

「那天因為有足球賽轉播，於是他就跟我們一起回中村家看球，之後我和小朋友離開日本了，他就繼續在中村家住了下來。」倪桑回憶，後來那個德國年輕人真的陸續去了上海、台北和菲律賓等地：「這些形形色色的人、各式各樣的經驗，對小孩的教育來說很好，他們可以藉此認識更多不一樣的世界，這是在學校學不到的。」

（採訪撰文・孫曉彤）

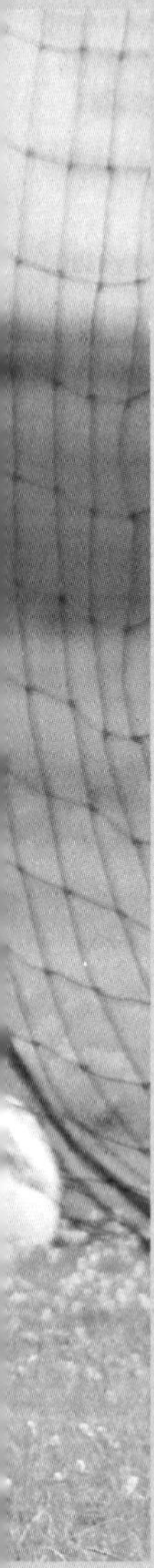

第2部

踢足球
小孩的未來

足球的整體環境尚待發展。
如果現狀是零，
那麼怎麼做都可以是正向的成長。

adidas

2-1

今日的足球小將 明日的種子球員

當小小的足球
被大腳一踢飛離地面時，
開展出的
是超乎想像的無限視野。

「你長大之後想要成為足球員嗎？」如果把這樣的問題，拿去問任何一個喜歡踢球的小朋友，相信得到的答案都會是肯定的。然而隨著年齡慢慢增加，孩子們的答案可能會漸漸從信心十足中，產生出或多或少的徬徨。

少年球員的瓶頸

在我從事兒童足球訓練的這些日子來，我發現許多小球員經常在十二歲左右，面臨一種「還要繼續踢球嗎？」的抉擇或課題。這個瓶頸並非來自於體能或訓練上的問題，往往是來自於理想與普遍社會期待之間的落差。前面我們提過，九到十二歲其實是兒童足球訓練的黃金時期，這個階段的孩子，無論在生理或心智上，都有非常好的成長條件。十二歲之後，小朋友們陸續開始發育、邁向青少年時期，在運動的訓練內容上，也會進入和之前不同的狀態——這對運動員而言，無疑是至關重要的轉捩階段。

有些孩子和家長，就會在這個階段做出「抉擇」：在足球和課業中二選一。其實這樣的「抉擇」，我認為其實是一種因為憂慮而產生的誤解，事實上，孩子需要的並不是非黑即白地從兩者中取其一，而應該去思考，如何在這學業和運動中取得好的平衡。

我是足球家長，自己的兒子也經歷過這些過程，我採取的態度是在與孩子充分的溝通和討論後，幫助他找到適合自己的日常學習模式。小朋友喜歡踢球，也想要繼續踢球，但另一方面又不能偏廢學業，在這樣的情況下，他們需要的是更好的、對於時間管理的自覺，並且培養有效運用時間的能力。

我的兒子十四歲就獨自遠赴西班牙的足球俱樂部，他們俱樂部的做法是替小球員安排一般的學校上學，放學後才練球，週末才會打比賽。在如此的安排下，學齡球員並不會偏廢學科課業的學習，而足球的術科訓練，也是利用課後的時間進行。

然而在台灣，這樣的做法不容易達成的原因，主要還是跟現有的教育制度有關，大部分中學的孩子，在學校時要上一整天的課，放學後還要趕著去補習或應付學校作業，別說踢球，就連家庭生活都可能受到影響。長期以來教育體制偏重學科的緣故，使得升學主義成為唯一的主流價值，孩子們和家長對於成績和學業的過度關注，扼殺的不僅是孩子其他的潛能，同時也局限了關於運動的未來想像和可能性。

即便外在的環境如此，我仍然經常鼓勵家長，孩子的學習狀態，不能只由簡單

的分數評量來判斷，而孩子的成就也不只是成為一台優良的考試機器。如果踢球是一件快樂而且能夠長期發揮的事，那麼大人們就應該把眼光放遠，和孩子一起探索更寬闊的人生視野。

對於喜歡踢球、而且投入大量努力的孩子來說，能夠在成年之後，進入好的足球俱樂部，成為優秀的職業球員，當然再好不過。然而，我們要了解的是，足球所能提供的未來，遠遠不只如此。

足球的巨大產業能量

在足球產業相對成熟的地區，應運而生的職業俱樂部和職業聯賽，主要的目的就在於培養和經營好的運動員。對於一個有天分而且夠努力的足球小將來說，成為職業球員絕對是生涯規劃中最好的選項。前面我們曾經提過「足球是窮人的運動」，字面上的直接意義，指的是僅僅需要一顆球，就可以享受足球的樂趣；但這句話更深層一些的意義是：職業足球員的高投資報酬，經常可以讓出身貧寒卻賦有天分的球員瞬間爆紅致富——因為足球而改善了自己或家族經濟狀況的例子，在足球世界中，不勝枚舉。

在台灣，足球的整體環境尚待發展——如果現狀是零，那麼怎麼做都可以是正向的成長，這也是我選擇投入兒童足球的原因：大環境的完善，並非一蹴可幾，

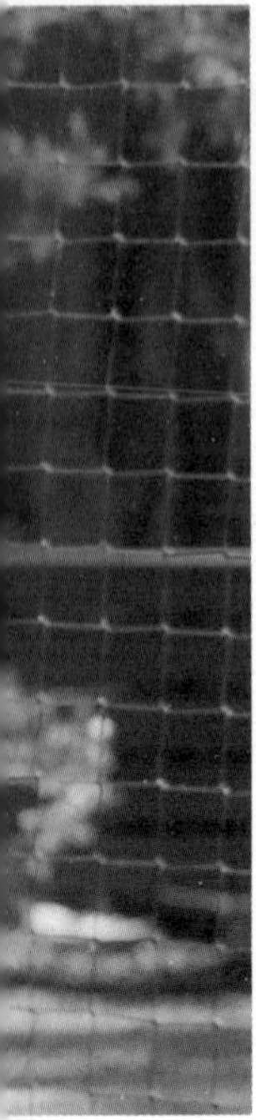

需要的是長時間的累積和建構，而這些都是在替未來足球的產業做準備。用個簡單的方式來說明，假如十年之後，我們希望台灣擁有具成熟規模的足球俱樂部和聯賽，那麼勢必要有足夠數量和質量的職業球員來投入——把時間倒推回今日，現在在球場上快樂踢球的孩子們，正是十年後的台灣所需要的種子球員。所以，我願意將眼光放遠、把計畫拉長，用一個更宏觀的方式來參與台灣足球的建設工程，而這樣的理念，也是我目前亟欲推廣給閱讀此書的大人們的核心價值。

對於喜愛踢球的孩子來說，長大後可以成為一名職業球員，當然是最棒的事，但不可忽略的是，即便是運動的世界，也有著如金字塔般的整體結構——我們所

知之甚詳的明星球員或體壇健將，絕對是從為數眾多的球員中，一路過關斬將，累積了無數的汗水和付出之後的成果；換句話說，要成為職業的足球運動員，其實並不容易，而其中的位居金字塔尖端的佼佼者，當然都是萬中選一的好手。

這時候問題就來了：踢足球小孩的未來，只能成為球員嗎？如果無法成為球員，還能繼續喜歡足球嗎？答案是，當然可以！

我經常向球員和家長們傳遞一個觀念：愛踢球的孩子，最大的未來目標一定是成為專業球員；然而愛踢球的孩子，卻未必只能成為專業球員。假如不能成為專業球員，還能有其他的可能選項嗎？

從本質上來說，踢足球就是個很好的運動習慣，它可以鍛鍊身體，也可以從中獲得樂趣；撇開所有的附加價值，足球所能帶給人們的愉快與滿足，就是它最迷人的所在——就像我常說的，足球可以是終生的愛好。

除此之外，以現階段許多足球產業發達的區域為例，小小一個足球所輻射出的巨大產業能量，除了有賴於許多人的投入和參與外，其所創造的經濟價值和產業規模的龐大程度，可能完全超過一般人的想像。以二〇一四年的巴西世界盃來說，

FIFA的總收入就達到四十億美元，相當於台幣的一千二百億元，而這些主要來自電視轉播的權利金與品牌行銷的贊助權利金，包括全球性的知名運動品牌、航空公司、飲料商、科技業、汽車大廠和銀行等，競相在世界盃中投注大量廣告費。因為全世界熱愛足球的球迷，在緊盯賽事時，同時也都深深記憶了這些品牌的商標——根據統計，世界盃的每場比賽，平均都有將近兩億的觀眾定睛觀看。

看到以上的數據，相信您不會再認為，足球小

2014年在巴西舉行的FIFA球迷節。（Portal da Copa/CC BY-SA 3.0）

孩的未來只能成為球員，畢竟在如此龐大的足球市場，需要的不僅僅是真正在球場上踢球的球員，舉凡教練、裁判、球隊經紀、球隊管理、形象公關、市場行銷、運動防護與醫療、足球周邊商品開發……當小小的足球被大腳一踢飛離地面時，開展出的是超乎想像的無限視野。

國際體育聯盟與聯賽

比起棒球或籃球，說足球是世界性的運動一點也不為過，原因在於前述兩種球類都有主要發展的國家或區域：比方提到棒球，人們會想到的是日本職棒機構（Nippon Professional Baseball, NPB）或美國職業棒球大聯盟（Major League Baseball, MLB）。而提到籃球，自然就會連結到北美的國家籃球協會（National

Basketball Association, NBA）。但是提到足球，每個球迷心目中的最佳球隊就可能分屬世界各國，仔細分析，來自不同區域的足球隊，大都各自具有不同的風格和球路，如此多元豐富的特色，從國際足球總會下轄的多達兩百一十一個會員協會的數量，就可以明顯看出。

若把視野拉回到亞洲，目前主要管理亞洲區足球事務的，是簡稱為亞協或亞足協的亞洲足球聯盟（Asian Football Confederation, AFC）。其主要負責舉辦國家級和俱樂部級的賽事，也包括協助國際足總舉行世界盃外圍賽及亞洲盃，目前共有四十七個會員協會——是的，你沒看錯，光是亞洲就有四十七個會員，成員分別來自東亞、西亞、中亞、南亞和東南亞等地。在這些會員協會的所在國家或地區，許多都有自己的職業聯賽，較為知名的像是日本和韓國等，實力堅強的程度自然不在話下。其他像是泰國、新加坡、馬來西亞……等，也都具有一定規模的聯賽。

從這個角度來看，目前尚未擁有自己的職業聯賽的台灣，在足球產業的發展進程上就稍嫌弱勢。沒有規律性舉辦的足球聯賽，當然無法吸引太多好的球員留在本土繼續踢球，就我所知，台灣目前已經有少數的足球球員加入亞洲其他地區的足球俱樂部。台灣整體足球產業的尚未成熟，是亟須被重視的現象。

以對岸的中國來說，即便足球隊的表現還有進步的空間，但不可否認的是，他們已經培養出不少優秀的個別球員，現在台灣也有幾位球員在大陸踢球。曾經也有中國的球隊與我聯繫，希望我到中國擔任教練。對於以足球為終生職志的我來說，能夠獲邀到中國的職業聯賽發展，自然感到非常開心，而我也不排除日後這樣的可能性，然而現階段我更關心的是台灣足球環境的未來——成立足球學校，積極向下扎根，是目前我最關心也最投入的目標。

關於聯賽系統：以英國及亞洲為例

每個國家和地區的足球聯賽系統不盡相同，但大都呈現金字塔狀——意即僅有少數的強隊能夠位於頂端，而越往下球隊的數量也越多。以下我們用英格蘭足球聯賽系統（The English football league system）為例簡單說明：英聯是一系列相關聯的聯賽組別提供給英格蘭、六支威爾斯和一支根西島的足球俱樂部比賽。分層形式的系統在聯賽不同級別提供升級或降級機制，讓每支球隊均有機會爬到金字塔頂端。系統內有超過一百四十個不同聯賽，包含多於四百八十個級別，因俱樂部加入、退出或倒閉，每個聯賽參賽球隊的數目每年不同，但估計平均每級約有十五支球隊，整個系統約有近五千三百個俱樂部及超過七千支球隊參賽。

聯賽系統的金字塔結構由升降級制度構成（請參一五三頁圖），意思是每個聯賽有部分好成績的球隊可以晉升到更高級別的聯賽，而在下游的球隊可能會降低一級。除了球隊的表現外，球隊的升級與否取決於上級聯賽所制定的規則門檻，例如合適的硬體設施和財務狀況。一支位於金字塔底層的地方業餘球隊，在理論上當然有機會進入聯賽系統的頂端，成為英超聯的冠軍——然而在現實中，這種情況的發生機率微乎其微，當然亦有球隊可以在金字塔內有顯著的爬升。

在足球聯賽金字塔的頂層（第一級）是單一組別包含二十隊的英超聯；其下為分成三個級別的足球聯賽，分別是英冠聯（第二級）、甲級聯賽（第三級）及

英格蘭足球全國聯賽金字塔（第 1 至第 6 層）

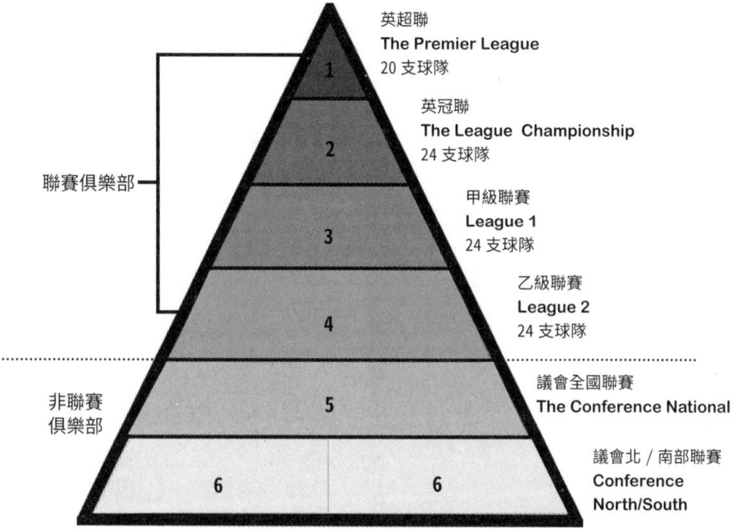

乙級聯賽（第四級），上述每個級別有二十四隊。在「非聯賽」足球比賽最高層的是議會聯賽，包括一個擁有二十二隊的全國性聯賽（第五級），緊接著為涵蓋英格蘭北部及南部（及部分威爾斯）每組二十二隊的兩組聯賽（第六級）。部分球隊為全職業，而其餘為半職業球隊。在英足議會以下的級別部分，大俱樂部為半職業，越往下層的級別，球隊逐漸變為業餘球隊所組成。

以下也大致介紹亞洲地區的重要聯賽：

中國足球協會超級聯賽（Chinese Football Association Super League）由中國足球協會組織的，中國最優秀的職業足球俱樂部參加的全國最高水平的足球職業聯賽，仿照英格蘭足球超級聯賽，簡稱為中超聯賽。以下還有甲級和乙級聯賽，再往下則為業餘聯賽。

日本最高等級的足球聯賽稱為J1聯賽，或譯為「日本職業足球甲級聯賽」，全稱為「明治安田生命J1聯賽」，由社團法人日本職業足球聯賽所主辦，於一九九三年舉行首屆賽事，聯賽成立初只有單一聯賽，直至一九九九年增設乙級聯賽，將日本職業足球聯賽分為甲級聯賽（J1）及乙級聯賽（J2），二〇一四年再增設丙級聯賽（J3），各級之間設有升降級制度。「日職聯」這個簡稱一般都是指日本的頂級聯賽（即甲組），原因是有這個名稱之時還未有乙級聯賽。

韓國的職業足球聯賽則是K聯賽（K League），現分兩個等級：分別是經典K聯賽和挑戰K聯賽。其中經典K聯賽為南韓足球聯賽系統第一級，挑戰K聯賽為南韓足球聯賽系統第二級，兩者之間存在升降級關係。南韓國家聯賽作為現在南韓足球聯賽系統第三級聯賽，是一個封閉的半職業聯賽。南韓挑戰者聯賽作為現在南韓足球聯賽系統第四級聯賽，是一個封閉的業餘聯賽。

進擊的球員：職業生涯規劃

以台灣來說，推動足球聯賽的成立，是政府和足協共同的目標，然而，雖然官方和民間都有了同樣的共識，具體的實現期程仍然不明確；換言之，台灣究竟何時可以有自己的職業聯賽，還是未定之天。

我之所以認為職業聯賽的成立如此重要，原因在於它是一個能夠啟動整個足球生態的機制——除了促進足球相關領域的產業化，職業聯賽也能夠實際加強一個國家的足球實力。舉例來說，假使台灣的足球聯賽裡有八個職業球隊，每個球隊裡有三十個球員，即便本地球員和外籍球員的比例為二比一，這樣的結構也能讓國內培養出超過上百位的本土職業足球員。

就像我在前文中提過的，許多從小踢球的孩子，到了青少年時期卻放棄足球，原因大都來自家長和孩子看不到台灣足球的未來發展可能。假如今天我們能夠提供他們未來成為職業球員的生涯發展，相信對於足球小將來說，將會是留在球場上繼續衝刺的絕對誘因。

再來就是，職業聯賽的成立，也有助於提升台灣足球國家隊的水平——因為缺乏職業機會，台灣比起其他足球興盛的區域，足球員的數量明顯較少，而其中更為稀少的優秀球員，也只能到其他地方尋求發展（例如中國的中甲和中超，或是泰國的職業球隊）。而國家代表隊就經常需要徵召旅外的菁英球員。這些旅外的球員們，因為長期效力於技術環境較佳的職業聯隊，他們在球場上的表現幾乎都比在台灣時有明顯的進步，而他們也經常將最新的觀念和戰術分享給國家隊的其他球員，然而這樣的經驗累積仍然是點狀的，而無法形成常態性的交流。

目前，全球有超過八十個足球職業聯賽，這之中最受注目的五大聯賽分別是：

一，德國甲級足球聯賽（德甲）

二，西班牙足球甲級聯賽（西甲）

三，英格蘭足球超級聯賽（英超）

四，義大利甲組足球聯賽（義甲）

五，法國足球甲級聯賽（法甲）

從這個排行榜不難發現，球員的素質和技術最高的是歐洲聯賽——全世界有天分、有能力的頂級足球員，大概都集中於此。換言之，即便你不是土生土長的歐洲人，只要你實力夠強、表現夠精彩，都有機會被歐洲職業隊的球探發掘。

以歐洲職聯來說，亞裔的球員相對較少，大部分仍是歐洲本土，以及一些來自非洲或南美洲的球員；而在亞洲，公認足球實力最佳的職業聯賽則在日本、韓國與中國。

在足球產業相對完善的地區，在真正成為職業球員之前，通常會先在足球俱樂部裡接受訓練，沒有任何足球經驗的孩子會先從興趣班開始。在具備一定的基礎能力後，從七歲至十八歲的兒童和青少年，再加入以年齡分級的梯隊，例如U9、U11、U12、U13、U15……等，這些梯隊訓練的目標，是讓球員做好進入俱樂部預備隊的準備，而進入預備隊之後，就有機會入選俱樂部的第一隊，正式成為一位職業球員。

9-10 歲	11-12 歲
球感、個人盤運及轉向	球感、個人盤運及轉向、傳控球
拉開與緊密	寬度與深度
柔韌度、協調 / 平衡	柔韌度、協調 / 平衡、速度、敏銳反應
1-1.5 小時／ 2-3 次＋比賽	1.5 小時／ 3-4 次＋比賽
男女體能分別不大；由母親為中心轉移至以父親為學習榜樣；注意力仍弱，但開始懂得注重訓練的內容；較善變；傾向與人接觸；是掌握基本技術的理想期；團隊意識有所增強	情緒漸趨穩定；集中注意力和求知欲增強；喜歡競賽；熱中學習，愛自我表現及與人比較；由父親為中心轉移至自我及朋友；部分女球員開始進入青春發育期
★以遊戲及小型比賽為主 ★建立協調、靈敏度及柔韌性 ★著重基本技術及習慣 ★培育兒童學員尊重隊友及對手的正確態度	★速度、反應，協調的發展 ★培養尊重對手、友愛互信及公平等意識 ★加強基本球賽意識，如控球在腳，拉開闊度深度 ★培育兒童學員尊重裁判的正確態度

年紀	5-6 歲	7-8 歲
技術訓練	以玩樂為主、多接觸皮球	以玩樂為主、 基本球感及控制皮球
戰術訓練	以玩樂或比賽為主	以玩樂或比賽為主 控球在腳
體能條件	無要求	協調柔韌性、靈敏度
練習時間／建議每週練習次數	1 小時／ 1-2 次	1 小時／ 1-2 次＋比賽
特性	家人陪同；情緒化；專注力弱；自我中心	情緒化；專注力弱；思想發展迅速；富幻想力；以玩樂為主；以母親為中心；喜歡擁有皮球；愛擁擠在一起；男女體能分別不大；團隊的比賽意識不強
建議	★應較著重以控球、盤球、運球、向前踢球及射門的活動，並以遊戲為主 ★以控制皮球為學習目的	★給予兒童學員多與球接觸的機會 ★培育兒童學員尊重自己及教練的正確態度 ★鼓勵兒童在參與群體活動時，能互相尊重

17 歲以上
高水平、真實性 比賽技術 如何應付對手行動
個人戰術、小組戰術、 隊際戰術（整體）、死球戰術
較全面
1.5-2 小時／ 5 次＋比賽
逐漸成為成年人；開始選擇自己的方向（學業 / 足球 / 愛情）；較獨立，會有自己想法；較具責任心；能找出領袖；開始為勝利而犧牲
★全面性訓練 ★心理亦要加強 ★隊際戰術，死球戰術 ★訓練為了比賽，甚至為了結果

給家長的建議

Q：對於六歲以下的小朋友，家長如何燃起他們對踢球的興趣？

A：最直接的方式就是帶他們來球場，只要是願意來球場嘗試的小朋友，幾乎沒有一個會不喜歡踢球的。足球不僅是一種運動，它還會讓小朋友之間有許多的遊戲和互動，也是一個養成小朋友團體行動和團隊合作的途徑。

Q：如何判斷一個小朋友有沒有踢球的潛質？

A：足球可以是一輩子的愛好，所以其實並不存在「有沒有踢球的潛質」這個門檻。只要孩子喜歡足球，就沒有不繼續踢的理由。當然，如果把職業球員設定為目標，過程中就會歷經比較多的辛苦。通常一個優秀的職業球員大概在十五、六歲就會開始脫穎而出，展現過人的天分和實力。

Q：足球有比賽，有比賽就會有輸贏。在兒童足球中應該要鼓勵孩子的求勝心態嗎？

A：有比賽就會有輸贏，但經由足球，我們更應該教導孩子的是分辨「結果」和「過程」之間的差異——輸贏是比賽的「結果」，但透過比賽的「過程」，能夠學習到的東西，往往是更重要的。一場打輸的比賽，可能會讓孩子們發現到團隊合作的重要性，或是自己技不如人的地方，找到問題之後加以解決，那麼這次輸球的經驗，可能就會成為未來提升實力的機會。

Q：我的孩子熱愛足球，我是否需要考慮尋求現行教育體制外的學校，讓孩子更專心踢球？

A：我認為學校教育和足球，絕對是可以同時進行的，並不需要因為學業就放棄足球，或是因為足球就放棄學業。在職業體育相對成熟的地區，年輕球員即便參加了專業的運動俱樂部，平時仍然會在一般學校學習，下課或假日才會練球或比賽，兩者並不互相衝突；甚至有些傑出的球員還具有其他專業的高等學歷。所以，假如孩子喜歡踢球，家長更應該讓他們了解到時間分配的重要性：踢球時認真踢球，念書時認真念書。然後就是鼓勵他們勇於追求夢想。

年紀	13-14 歲	15-16 歲
技術訓練	特別位置技術、比賽技術（多對手）	擴展所有技術項目、比賽技術（多對手）
戰術訓練	個人戰術、小組戰術	個人戰術、小組戰術、隊際戰術（整體）、死球戰術
體能條件	柔韌度、速度、心肺耐力（適度）、力量（身體重量）	柔韌度、速度、心肺耐力、耐力、力量（適度加強）
練習時間／建議每週練習次數	1.5 小時／ 3-4 次＋比賽	1.5-2 小時／ 4-5 次＋比賽
特性	開始進入青春期；對紀律開始鬆懈，自我較團隊為大；進入中學，對各樣事情感到新鮮（包括壞行為）；喜歡尋找年紀較大朋友為偶像，朋黨；渴望受重視及取得成功感；內心矛盾	已進入青春期，身體變得強壯；對人生顯得迷失，不清楚目標；變得批判性（批判自己、隊友、教練）；渴望勝利；自尊心強，面對指責會做出反擊或羞愧；缺乏責任感
建議	★速度、反應，協調的發展 ★開始有適量的耐力訓練 ★除基本技術外，開始有專門位置訓練 ★訓練時，多以有對手訓練為主 ★開始十一人的比賽，灌輸從後場組織進攻 ★提升比賽的堅毅度	★耐力及速度耐力，適量力量訓練 ★擴展所有技術，加強專門位置訓練 ★訓練時，以有對手訓練為主，增強決定能力 ★開始較多戰術變化，亦可有死球部署 ★強化比賽心態，為目標而努力

小球員如何自我進步

雖說九到十二歲是小球員的黃金訓練時期，但當然也有一些「大器晚成」的球員，可能是在這個階段的尾聲才開始正式踢球，然而後來也有不錯的表現。但話說回頭，不可否認的是，人體的生理狀態有年齡的限制，不管幾歲開始踢球，都可以享受到足球的樂趣。然而如果目標是專業運動員，錯過了訓練的理想時期，確實會對日後的表現有關鍵性的影響。

對於有志投入足球運動的小球員來說，平時有什麼自我進步的方法呢？

首先，是規劃出合理的練習時間，有效的練習絕對是進步的關鍵；其次，是接受良好的訓練，這點可以透過參加好的俱樂部學習或聽從專業教練的指示達成；再者則是日常的自我管理，包括飲食、體重、健康狀態、時間分配等。

除了上述的幾項之外，小球員也可以多吸收知識和累積經驗。畢竟，一位優秀的運動員，絕對不能只是「四肢發達，頭腦簡單」，體育和學業也不是只能二擇一的選擇題而已。

我常常勉勵小球員的例子是陳昌源，出生於一九八三年的他是中華足球代表隊的一員，目前效力於比利時甲級足球聯賽的球隊梅赫倫（KV Mechelen）。在比利時長大的他是台灣和比利時混血兒，除了球員身分外，他還是畢業於布魯塞爾自由大學法律系研究所的高材生，並且取得律師執業資格。如此才貌兼備、文武雙全的運動員，打破的不僅是大眾對於球員的刻板印象，也提供給小球員們，更多關於自己未來生涯的可能發展。

陳昌源。（Karl Van Dessel/CC BY 3.0）

2-2

足球員以外球場上的其他關鍵推手

一場足球賽背後，還有許多不為人知的重要推手，隨時扮演關鍵的角色；而這群人和他們所努力的事，構成了龐大的足球產業。

從球員到教練

回憶過去的球員生涯，總覺得當時的心態很單純，平日專心練習，比賽時專心踢球。對於球員來說，只需要照顧好自己的狀態，然後積極與隊友合作，在賽場上努力實踐戰術，就是完成自己的任務了。然而，當身分轉換成教練，雖然還是在球場上，但眼睛所看、頭腦所想的事情，就和以前大不相同了。

就像是我們曾經提過的，教練的任務除了擬定比賽戰術、知己知彼外，同時也需要關照到球員的生理和心理狀態。這些工作項目涵蓋了訓練原理、運動醫學、營養學、心理學……五花八門的門類，使得「教練」這個職稱不僅是球隊的靈魂人物與重要推手，同時也是一個具備全能素質的專業。

「教練」不是天生的，也不是資深球員踢球踢久了，就會自動變成教練。但話說回頭，具有豐富的球場實戰經驗，對於成為一個好的教練，是有絕對正面幫助的。因此，「教練」這條路，經常是不少退役球員的職涯選項，現今許多傑出的教練，過去也都是令人驚豔的傑出球員。

以亞足聯（AFC）為例，從二〇〇一年開始頒發最高級別的足球教練資格證書「亞足聯職業級教練員證書」（AFC Professional Coaching Diploma、AFC Pro-Diploma 或稱作亞足聯P級教練員證書），要獲得像這樣的證書，必須經過至少十週的培訓。二〇一七年起，亞洲冠軍聯賽球隊的主教練就必須擁有亞足聯職業級教練員證書，而雖然台灣並

沒有需要這項認證的職業聯賽或球隊，我自己已在二〇一三年取得這項資格。

再更詳細一點區分，亞足聯所頒發的教練證分為幾個等級，分別是D、C、B、A，在取得這些認證前，必須要參加相關的研習課程，結業之後通過筆試和術科考試，才算正式取得。這四個級數的研習課分別需要七天、十三天、二十天和二十八天，而除了D到C級的間隔時間為一年外，其餘每個級別都需間隔兩年；獲得亞足聯A級教練員證書後，才能夠取得前述的職業級、也就是P級的教練資格。值得一提的是，P級的教練資格必須每兩年更新一次，也就是說，職業級的教練們每隔兩年就需要參加相關培訓課程。這對教練來說除了是溫故知新外，也是亞足聯維持教練專業狀態的途徑。以我個人的經驗，C和B級的認證是在台北進行培訓，A級在中國的秦皇島，職業級的培訓地點則在中國的廣州和南京等地。

在取得A級教練證之後，取得P級職業教練證並非唯一的進階方式，A級教練們可以選擇繼續晉升為講師級的教練。講師級教練與職業級教練的最大不同是：講師級教練日後的主要工作領域是足球教練的培訓與指導，也就是教練的教練；而職業級教練的培訓對象則是職業球員。

以業界的現狀來說，職業級教練的平均收入普遍高於講師級教練，然而講師級教練的職業風險較低，狀態也比較穩定，不像職業級教練的薪水可能會隨著合約或球隊成績而變動。現在大多數的國家代表隊和職業隊，都會要求任職的教練具有P級的教練資格，但如果回到兒童足球的領域，教練資格卻經常不被重視——因為沒有相關的資格限制，許多在教小朋友踢球的教練，很可能並未取得相關的證照，而他們究竟能不能給予孩子正確的足球觀念與體能訓練，就是一個值得深思的問題了。

【Interview】

江佩凌——我是女生，我踢足球。

身材纖細，行動敏捷，總是綁著馬尾的江佩凌，是小朋友口中的「阿佩教練」。出生於一九八八年的她從小就是個體育健將，國小時就是網球和體育的好手，直到小學五年級，才加入足球隊，一直踢到現在。「我們家三個姊妹性格都不太一樣，而我排行第二。」阿佩說，父母對於孩子們的教養態度，採取的是順性而為，她因為覺得運動很好玩，就從小學的校隊、中學的體

江佩凌教練。

育班，一直到大學時進入師大運動競技系，整個學生時代，都和運動脫不了關係。

「以前曾經有個男朋友，經常抱怨我因為練球，而太少跟他相處；後來實在沒辦法，只好分手，當時他告訴我：『你去和你的足球在一起吧！』」阿佩說，其實女子球員和一般女生沒什麼兩樣——下了球場，有些球員也會打扮、愛漂亮、注重身材與皮膚保養：「雖說大家幾乎都是素顏上場踢球，但中場休息時，就會看到所有人都在補搽防曬油——女生總是不希望自己曬得太黑。」阿佩笑說。

「我雖然長期運動、也喜歡運動，但其實先天身體不好，容易心悸和胸痛。看過許多醫生，都說沒辦法治療，有的醫生甚至安慰我：『還好妳有運動，不然情況可能更差。』」因為健康的緣故，阿佩在二〇一六年時幾乎呈現半退休的狀態，直到二〇一七年，台北 Play One 女子足球隊成立，她才重新歸隊，和同樣都是師大女子足球隊的學妹們一起踢球。

「足球沒有年齡限制，直到三、四十歲都還可以踢球；但許多運動員，特別是女子足球員，大都會因為面臨現實問題，而退出球隊。」阿佩說，台灣的足球產業並不興盛，目前僅有一些半職業的聯賽，偶有企業的資源挹注，但也多集中在男子足球隊：「女子足球隊就沒有企業支持。」

「所以女生要踢球，只能靠自己強大的熱情支持。」阿佩說道：「就算是有機會進入國家代表隊，收入其實也不多。有時候贏球雖然有獎金，但大都還是用作球隊營運的經費，球員並不會真正拿到錢。」大學畢業之後，同樣面臨現實考驗的阿佩雖然選擇進入職場，但始終沒有放棄足球——她利用下班後的時間踢球，而週末則擔任兒童足球的教練：「陳信安教練以前曾經是國家代表隊的教練，大學畢業後，我就在他所帶領的小孔雀俱樂部當教練。後來，陳教練成立了足球學校，我才停止上班族的生涯，成為全職的足球教練。」

「我覺得我很幸運，就算曾經當了五年朝九晚五的上班族，也沒有因此放棄踢球。」阿佩說，自己以前任職的外勞人力仲介公司，老闆本身也曾經是足球員，因此格外體恤同樣是運動員的員工：「有的時候遇到比賽，我必須要請好幾天的公假，一般的公司大概根本不會同意，但我以前的老闆總是准假，鼓勵我持續踢球。」阿佩說道：「我很感謝他。」

目前在 Play One 裡擔任後衛的阿佩，說自己並沒有大多數後衛球員應該具備的高大身材，「但比起其他後衛，我贏在速度。」她如此分析：「每個球隊都有不同的特質，有些球隊採取的是大腳來、大腳去的風格，但我自己比較喜歡團隊有組織的、有內容的細緻打法。」「對我來說，身為球員或教練，所需要的精神和體力是差不多的；只是說，以前當球員是做自己的事、踢自己的球，現在要面對的則是十幾個小朋友。擔任教練其實有個好處，就是要不斷學習新的東西。過去，訓練運動員採取的多是土法煉鋼，認為教練嚴厲和給球員大量訓練是唯一的方式；但後來比較過幾個不同的教練，我才慢慢發現，好的教練是會把每個球員的缺點變成優點，再發展出適合這個球隊特性的戰術。就像陳教練常說的：培養球員是要看未來，而不是只看現在。」

「我喜歡足球，也踢了很多年的球。我希望自己能夠繼續做對的事，貢獻自己的專長，進而改變台灣整個的足球環境。」阿佩如是說道。

朱峰——台灣足球有很大的發揮空間

訓練嚴格卻頗受小球員喜愛的朱峰教練來自香港，原本就是足球球員和專業教練的他，因為女朋友是台灣人，一年多之前為愛走天涯移居台灣，目前定居台北，並在陳信安足球學校任職。談起和陳信安教練認識的淵源，朱峰說因為當時已經有了搬到台灣的打算，就在網路上搜尋台灣足球的資訊，

朱峰教練。

而在去年（二〇一六）年初在Facebook上找到陳教練，後來兩個人聯繫上，彼此見面之後發現理念相近，於是一拍即合。

根據朱峰的觀察，香港的足球風氣比台灣興盛，幾乎每個小孩都會踢球。但對教練來說，因為家長也都認為自己懂足球，所以會對訓練內容提出較多意見，「台灣雖然足球還沒有成熟的型態，卻有很大的發揮空間，也更有可能性。」朱峰認為，陳教練很看重系統性的教學，課程內容的設計是長期規劃而非單堂式的：「球員需要的是慢慢培養實力，而非立刻就有效果的。」

從十八歲就擔任足球教練至今，朱峰說自己國中一年級才正式開始踢球，結果沒踢多久就入選香港代表隊，十八歲到二十一歲時也待過足球職業隊；而在球隊裡，打的是守門員的位置。他笑說自己不是一開始就擔任守門員，是小學六年級時足球暑期班裡的一次比賽，隊上原本的守門員因為不斷失誤，竟然當場鬧情緒說不想繼續踢了：「教練只好問其他隊員誰願意當守門員，我也不知道為什麼，自己就舉手了。」

「守門員的訓練和其他球員不太一樣，日常訓練也比較辛苦，但真正比賽時卻常常最清閒。」朱峰說，守門員需要有很快的反應和瞬間爆發力，訓練內容有時看起來很奇怪，像是一種加上球的重量訓練：「因為常被要求在短時間內做出反應，導致我日常生活裡個性也比較急躁；但擔任守門員有個好處是，在球場上是在後方看全場比賽，也養成我習慣用教練的角度來看球隊表現，對於後來當教練滿有幫助的。」

「來到台灣之後，我第一件事就是找球踢。」朱峰說自己在網路上找到一支名叫「港澳隊」的業餘足球隊。顧名思義，成員全是來自香港和澳門地區的足球愛好者，他們大都來台工作或念書，利用下班或課後時間一起踢足球，聯絡感情。「我只要有空，幾乎每天都會看球賽，原本是當作休息，但每次看到後來都在觀察球員的踢法和思考教練的戰術——結果完全沒有放鬆。」

「只能說，我真的很喜歡足球。」朱峰說道

德利士——鼓勵球員自己找答案

現年五十四歲、說著一口流利中文，來自英國的德利士（Alex Beare）教練已經在台灣生活超過三十年，從今年（二〇一七）七月起，正式在陳信安足球學校任教。Alex說，英國的足球人口比台灣多得多：「以足球聯賽來說，英國一共有八、九級的聯賽，而台灣只有兩級。」

Alex說在英國，人們會在不同的季節從事不同的運動：夏季是板球、網球和高爾夫球，

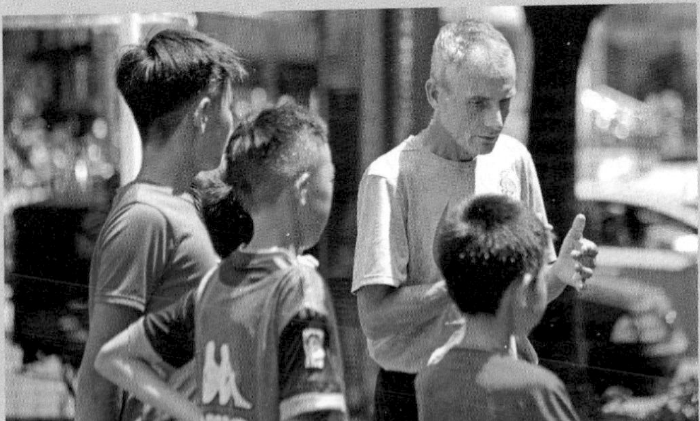

冬季則是足球、橄欖球和曲棍球。而他自己從小就踢足球，國小時還參加過足球俱樂部：「國中時我熱中的是曲棍球，高中時因為變胖所以開始練長跑，上了大學的第一年，沒有參加任何運動項目。」

一九八一年，當時大二的他遠赴上海念中文，成為復旦大學的第一批外國學生。因為學校只有上午有課，Alex 於是重新回到球場，再度開始踢球。「後來大三和大四時回到英國，我就選上了足球校隊。畢業之後，為了想要繼續學中文，我計畫前往台灣；但當時身上沒錢，只好先在英國打工半年，然後買了一張單程機票，身上帶著三百英鎊就來了。」那年是一九八五年，Alex 先是在師大語文中心念書，本來打算要是錢花光了就只好回英國，「結果就在快沒錢時，找到了一份教英文的工作，於是就留了下來。」

後來，他考上了台大的中文研究所，又進入了半職業隊的大同足球隊踢球。「我就在台灣教英文和足球，一直到現在。」Alex 說道，而他後來也在足協任職過一段時間，負責其中的國際事務、教練培訓和技術指導。

Alex觀察，台灣的球員很習慣等教練給出答案：「但我比較偏向引導式的教法，我希望球員們自己思考、自己找出解決之道。」因為足協的緣故，Alex認識了當時一起共事的陳教練，兩人經常一起踢球，「陳信安跑動的速度很快、過人很輕鬆，打球靠的是技術，而他在訓練球員時，也融合了體能、技術、戰術和心理等各個面向——這和我自己想要做到的一致。」

（採訪撰文．孫曉彤）

球場上的黑面判官：裁判

觀看足球比賽時，我們經常把目光集中在滿場奔馳的球員身上，偶爾鏡頭帶到在場邊運籌帷幄的球隊教練，但我們經常忽略了球場上還有一組同樣東奔西跑、而且還握有生殺大權的角色——裁判。

裁判被稱為是場上比賽規則的執法者，在正式的比賽中，通常會有四名裁判，包括主裁判、兩名著重在判斷出界或越位的助理裁判以及第四裁判。第四裁判的主要功能在當主裁判因故無法進行裁決時，擔任提供意見和判斷的遞補工作，而現在有些賽事的裁判會增加至六位，也就是在雙方的球門各增加一名裁判。

要擔任裁判，也需要經過相關理論與規則的受訓課程，同時也要完成體能測驗——在賽場上，裁判必須跟著兩隊的陣型而隨時移動，對於體能來說，同樣是一大挑戰。

足球裁判在賽事中，最受矚目的時刻莫過於針對犯規球員舉牌的時刻——裁判手中握有黃牌和紅牌，黃牌用來對犯規球員記名警告，通常發生在球員有不恰當的舉動。例如違規、延誤比賽、未聽從裁判指示……等行為時。球員被第一次黃牌警告後仍然可以繼續比賽，但再度犯規時就會被驅逐離場，裁判會先出示第二張黃牌，再出示紅牌，而被罰紅牌離場的球員不僅無法繼續比賽，球隊也不能用後備球員遞補，球隊就得在缺人的情況下繼續踢球。有的時候，球員因為嚴重犯規而被裁判直接出示紅牌驅逐離場，假使一方的球員被驅逐至場上僅剩六人，那麼就會直接判棄權落敗。

就像教練一樣，球場裁判也分為D、C、B、A和國際級等不同的等級架構，而取得資格的方式同樣需要

裁判向白衣球員舉起黃牌。(By Nathan Forget /CC BY 2.0)

通過參加研習與認證。目前在某些賽事中，也會引進所謂的「電子裁判」，利用攝影機或是其他電子裝備來提供判決的依據，例如出界球，場邊會有一組專門的裁判負責觀看攝影機所拍下的畫面，遇到爭議時能夠回放影片，提高判決精準度。另外就是在足球和球門裡裝設感應晶片，用科技的方式判別是否進球。

許多知名的裁判也都是球員出身，就像我們一再提過的：擁有越多的足球經驗和知識，越能幫助你在足球產業中扮演稱職的角色。而以兒童足球來說，隊與隊之間的友誼賽，往往都是由各隊的教練兼任裁判——畢竟，踢球對孩子們來說更像是快樂的遊戲，輸贏與否，有時真的沒那麼重要。

宛如微型社會結構的足球產業

除了球員外，一場足球賽背後還有許許多多不為人知的重要推手，隨時扮演關鍵的角色，而這群人和他們所努力的事，就構成了龐大的足球產業。每個環節都緊緊相扣——設施完善的球隊，會有許許多多的專業人員各司其職，例如：

教練：教練可以細分為以科學方式精進運動員體能發揮的「科研教練」、提供戰術指導的「戰術教練」、守門員也有專門的「守門教練」，以及負責訓練球員的「主教練」、「副教練」和「助理教練」等。

防護員：保護和恢復運動員的體能，並且在球員輕微受傷時給予適當的處理和照料。

球隊醫生：需要具備運動醫學的專業背景，給予球員治療與健康上的建議。

球隊經理：各類行政事務的處理。

營養師和廚師：規劃菜單並製作供餐。

場地人員：負責球場的維護。

公關行銷：球隊形象建立、媒體宣傳、洽談贊助等。

球員經紀人：球員的簽約或買賣等。

其餘還有很多大大小小的各類事務，都是圍繞著足球為核心價值來運轉，其中的方方面面，宛如一個微型的社會結構，而這，就是我們所謂的「足球產業」。

我曾經造訪過一個足球俱樂部，他們的行政人員透露，整個球隊一天就要洗滌五百至一千件的球衣：球員們練習之後換下來的髒衣服，按照梯隊整理，洗脫烘之後，再由專人整理好，送達每個梯隊的更衣室——如此的環節，就需要投入這麼大量的人力物力，可以想像因為足球應運而生的事務，有多麼的龐雜繁瑣。

在風氣成熟的其他區域，足球就是一種生活方式。像是在日本或歐洲，球迷們可以很容易地找到專門的足球用品專賣店，舉凡踢球時實際需要的球衣和鞋襪等裝備，也有大量球隊或俱樂部生產的周邊商品，讓球迷能夠一網打盡，讓生活處處是足球。

在西班牙，遇到足球賽季，許多的球隊為了比賽，需要在境內的各個城市頻繁移動，有些俱樂部就會配有自己專用的運輸巴士，負責載送球隊成員，而也有一些民間的運輸公司，會與球隊合作，依據賽事行程需求派遣車輛，形成一種因為足球而產生的專業。

但在台灣，不僅是產業還在起步階段，就連足球風氣都還正待推廣——我們可以說，足球的本土產業尚未成熟，還有需要改善的空間。然而積極思考，如此的現狀不正提供了各行各業積極發揮的條件嗎？

本著這樣的初心，我投入了兒童足球教育的事業。只要有心，我相信人人都能夠在足球的世界裡，成為大顯身手並且發光發熱的關鍵推手。

上：西甲馬德里競技俱樂部的專用巴士載球員前往比賽場地。（By Luis García/CC BY-SA 3.0 es）
下：西班牙街頭總是能見到大人和小孩在踢足球，足球構成他們生活的重要部分。

2-3

足球沙漠如何開出更好的花

埋下了好的種子，
還需要良好的生長環境，
才可能開花結果，
成就出一畝豐饒的良田。

以我多年參與足球的經驗，要真正提升台灣的足球風氣，產業化是絕對必要的，因為唯有如此，整個相關的環境條件才能夠具有自己的動能，也才能吸引更多資源的挹注。

假如我們有足球職業聯賽，就能號召成立更多的職業隊；對於球員來說，能夠進入職業隊打球，絕對是吸引他們繼續以足球為職志的誘因，而足球人口增加後，企業也會願意投入資金培養球隊，軟硬體的設備能夠提升，也會帶動其他配套產業和人才的需要，進而達成產業化，並且形成好的生態循環。

達致產業化要推動的四件事

我認為，足球產業化目前有四個亟需推動的部分：

第一，競賽架構的設立，也就是成立職業聯賽，將足球的職業相關規範建置完整。

第二，政府規劃預算，提供更多符合國際標準的足球場，加強硬體設備。以西班牙為例，城市中許多球場都是由政府出資建立，完成之後有條件地（例如收取租金）提供給俱樂部使用。

第三，足球風氣的提升，推廣足球的文化，吸引更多人參與足球活動，增加足球人口。一個文化需要深耕，關鍵在於能否深入地方，與常民生活建立緊密連結。如果每個城鎮都有自己的球隊，勢必會吸引更多在地的民眾參與，自然而然地成為生活的一部分。

第四，足球教育的推廣，從小扎根、長期培養，在既有的學校教育之外，以足球學校和俱樂部的社會教育方式，落實足球完整的訓練系統。

倘若足球的產業化能夠實踐，最立即的效果就是使球員們有動機繼續踢球，把足球納入生涯規劃的項目中。目前台灣雖然有體育班和大學的體育系，但在學校的體制下，運動員很難有真正的發揮。許多從小一路讀體育班和體育系的孩子，大學畢業之後卻找不到能夠發揮專長的工作。二十至三十歲是運動員體能的巔峰，當國外的優秀球員在此時正要突飛猛進，台灣的球員卻面臨失業和被迫退休，這是非常可惜的事情。而在現實環境的壓力下，運動員無法專心投入，在賽場上的競爭力降低，自然無法吸引更多人投入，最終形成一個很難打破的循環困境。

目前在台灣，只有很少的企業有足球的職業隊，精確地說來，應該是「半職業隊」。因為其中的運動員平日仍是隸屬於公司單位的員工，領的是上班族的薪水，和國際足壇的職業球員相比，完全無法比擬。由於職業球隊太少，這些半職業球員在賽場上切磋的對象往往是尚未成熟的學生學員，而難以形成具有積極意義的競爭關係，整體的球員水準也難有提升。

所以說在台灣，十二歲的年齡常常是小球員們的門檻——十二歲以下的足球俱樂部很多，但十五到十八歲的球隊和球員數量就變得很少。原因在於，整個大環境沒有提供足球家長和小球員足夠的誘因，讓他們認為踢球的未來是值得期待的；換句話說，假使繼續踢球也能夠有很好的出路，勢必會有更多的人願意接觸足球，進而懂足球、愛足球甚至瘋足球。

*編按：同為足球荒漠的西非國家茅利塔尼亞，三年間翻轉成非洲聯賽冠軍的成功例子，請參附錄一。

【Interview】

中華民國足協技術部教練

黑田和生——擁有明亮未來的台灣足球

說起話來條理清晰，總是在場邊認真觀看球員練習的，是來自日本的資深足球教練黑田和生（KURODA Kazuo）。一九四九年出生於日本岡山的他不僅是現任台灣男足的總教練，二〇一二年經由日本足協推薦來台後，黑田教練就在中華民國的足協技術部任職，特別著重台灣足球的指導訓練與青少年足球菁英的培訓計畫。他也曾在二〇一四年執教亞洲盃U 19會外賽，對於台灣基層足球貢獻良多，不少台灣國家隊球員都曾接受過他的訓練。

參與了近年來的本土足球環境的發展，回憶起五年多前剛到台灣時的印象，黑

黑田和生教練。（圖片提供：黑田和生）

田坦言「感覺像是四十年前的日本」：「比起現在的日本，台灣的足球人口很少，能夠舉辦球賽的場地也很少，相關的資訊與新聞媒體也很少有足球的訊息，而且台灣的足球實力也很少能夠晉級到國際的重要賽事。這幾個『很少』就和四十多年前的日本一樣，然而日本經過不斷的努力，在二十多年前的一九九三年成立了J1足球職業聯賽，從此之後，職業隊伍和其他的職業聯賽就大量增加，而日本的足球實力也因此增強。」

「如果台灣想要提升足球的實力，我認為現階段有四個項目是必須實現的：

第一是成立職業聯賽，帶動整體發展，如果從現在開始進行，大概需要五年才能完成；

第二是成立少年和少女的足球隊，加強人才訓練；

第三則是培養更多的教練，這將有助於教育推廣；

第四是政府要提供更多的訓練和比賽場地。

如果以上四點台灣從現在開始著手進行，大概總共需要十年來完成。」黑田說道：「在半個世紀之前，日本和台灣的足球實力是差不多的，但日本一直在加強上述的第二和第三項，於是有了後來的發展。」黑田也認為，日本的足球汲取了歐洲足球許多的長處，這些經驗是通過國際賽事所累積的；然而目前台灣足球的接觸範圍僅限亞洲，未來應該盡量拓展視野，向外學習，因為經驗會讓人得到自信。

「台灣球員的體能和運動強度其實是普遍優於日本的，這是台灣的優點，但比較欠缺的是足球運動中需要的團體合作。」黑田也觀察到，台灣目前有一些具有原住民血統的運動員投入足球，他們與生俱來的運動天賦，也可能讓日後的台灣足球隊具有特殊的風格。「無論如何，看現在的足球小將們踢球，他們的打法比起五年前，已經進步很多；而且現在的球員們也會主動出國，去挑戰或學習別人的技術，這些都是很好的現象。」談起台灣足球的現況，黑田顯得相當樂觀。

「足球運動要興盛，教練也有很大的影響力——好的教練要充滿對於足球的意識：那是旺盛的動力、如火焰般的熱情，是對足球瘋狂的人。」黑田用戲劇化的比喻來說明那種強烈企圖心：「五年前我剛到台灣，有『火焰』的教練很少；現在，有『火焰』的教練已經遍地開花。」黑田認為，教練的影響是深遠的，因為會影響到下一代、甚至下下代球員的觀念——因為現在的孩子們，就是二十年後的教練。「為了要創造更好的足球環境，大人們更要好好努力。」黑田說道。

「我覺得自己來到台灣的五年時間，確實有一步步地幫助到台灣的足球。」根據黑田的觀察，這段時間內，台灣踢足球的孩子在數量上提高了十倍：「我希望台灣能在接下來的五年內進入亞洲的前十六強，十年內進入前八強，二十年內進入前四強。」

「對我來說，指導成人足球和兒童足球，並沒有什麼不同——因為規則一樣，享受踢球的樂趣也是一樣的。過去人們會認為運動員需要的是毅力和忍耐，但我認為未來的趨勢應該是『笑容』與『尊重』。以前在日本，球員們會為了取得勝利而放棄運動中的享受；但我現在的想法已經漸漸轉化——『快樂』應該是更適合足球的。」黑田說道：「快樂的人們加上很好的環境，台灣足球的未來，應該是非常明亮的。」

（採訪撰文．孫曉彤）

取經國際：引進英國切爾西教學系統

現在我所創立和主持的陳信安足球學校，將引進英國切爾西足球學校（Chelsea FC School）的訓練系統，希望成為台灣第一個經過亞足聯（ＡＦＣ）認證的足球俱樂部——談到這裡，或許有人會好奇，什麼是切爾西足球學校呢？

成立於一九〇五年的切爾西足球俱樂部（Chelsea Football Club），在一九五五年首次贏得英格蘭最頂級足球聯賽冠軍，至今切爾西共贏得六次英格蘭頂級足球聯賽冠軍、七次英格蘭足總盃冠軍和五次英格蘭聯賽盃冠軍。歐洲賽方面，總共贏得一次歐洲冠軍聯賽冠軍、一次歐洲聯賽冠軍、兩次歐洲盃賽優

切爾西俱樂部和主場館史丹佛橋球場的所在地。（By Валерий Дед/CC BY 3.0）

勝者盃冠軍和一次歐洲超級。二〇一六年，切爾西被《富比世》（*Forbes*）評為世界第七最有價值的足球俱樂部。

切爾西足球學校是英國的切爾西足球俱樂部所成立的足球學校，除了在英國本地之外，也在世界各地成立分校，亞洲地區則有泰國、香港、日本、印尼與新加坡等八所。該校的教學理念是「Here to Play, Here to Stay」，意思是能夠在快樂中學習足球。每位在切爾西足球學校任教的教練，都必須先獲得機構認證，採用一致的系統來進行訓練。而具有超過百年歷史的切爾西足球俱樂部，則是英超「四大名門」的強隊之一，與曼聯、兵工廠、利物浦等，是長期蟬聯英格蘭超級聯賽的前四名俱樂部隊伍。切爾西的球風以犀利的防守與快速的進攻聞名，將他們的足球青訓教學系統引進台灣是我的第一步——我真正希望的是成立切爾西足球學校的台灣分校，而我相信，這個目標將會實現。

【Interview】

切爾西足球學校香港分校技術總監

徐國安——期待台灣分校的成立

二〇一七年六月上旬，為了參加萬華迎風足球場的落成典禮，切爾西足球學校香港分校的技術總監、同時也是前香港足球代表隊成員的資深教練徐國安，專程來台向多年的好朋友陳信安教練親自致意。目前，陳信安足球學校已經與切爾西足球學校香港分校達成共識，希望近期內能夠促成切爾西足球學校台灣分校的成立。

「以前在球場，我是『大安仔』，陳信安

徐國安教練。

是『小安仔』。」人稱 David 教練的徐國安笑道，他說陳信安「出道」較早，所以兩人雖然年齡有些差距，但在一九八一和一九八二年左右就曾一起踢球，而當時自己效力於香港的東方足球隊：「所以我和陳教練已經認識了幾十年，彼此非常熟悉——他是一個對於足球非常有熱情的人。」徐國安回憶上一次來到萬華迎風足球場的現址時，還是一片空地，上面甚至有樹木；現在看到完工之後的球場，覺得十分驚豔。

為了促成陳信安足球學校與切爾西的合作，人在香港的徐國安說，自己這段期間頻繁地和人在台灣的陳信安通電話，彼此交換很多觀點。當得知陳信安計畫投入足球教育的推動時，他立刻表示贊成，而且非常願意促成這個目標：「我和他分享切爾西香港分校的做法，建議他進行的階段和程序，後來他自己也實際到香港觀摩，然後有了一些新的想法。」香港分校是切爾西足球學校在亞洲的首座分校，徐國安說自己是當時的創校教練之一，因此對於切爾西的精神和辦學程序較為熟悉：「切爾西對於分校的理念，是重質不重量的；假如台灣要成立切爾西的分校，我想香港分校的經驗會是很好的藍本。」

徐國安提到，國際上具有規模的足球俱樂部，幾乎都有專門的部門參與社會公益，而切爾西在各地的足球分校都有兩種班別：一個是向大眾招生的興趣班，一個則是以社會公益為目的的慈善班。前者會向學員收取學費，後者則是免費的：「慈善班的設立是為了幫助更多人，讓身體有障礙或是弱勢的低收入家庭孩童，也可以享受踢球的樂趣。」徐國安說自己曾經帶領過殘障的孩子玩足球，體會用身體和球互動：「課程裡孩子都玩得非常開心，而且很期待下一次上課。」

「球員在退休之後，還希望可以貢獻自己的力量、做一些想做的事，是很難得的。我認為陳信安很有遠見，因為培養運動員是一項長遠的計畫。」徐國安說自己認識陳信安三十多年，很高興能夠看到自己的好朋友開心地從事著自己喜歡的工作。「我非常期待，不久的將來可以看到切爾西台灣分校的成立。」徐國安說道。

（採訪撰文．孫曉彤）

本土扎根・建立菁英梯隊

除了與外國合作引進相對完善和成熟的教學系統外，我也相信深耕本土的重要性——埋下了好的種子，還需要良好的生長環境，才可能開花結果，成就出一畝豐饒的良田。目前，陳信安足球學校積極與台北市既有的學校體制取得共識，合作開發出有別於既有體育班的足球教學模式：在校內設立足球社團，並將球員編入普通班級，讓喜歡踢球的孩子們兼顧運動和學習，而無需在興趣和學業之間做出不必要的抉擇。此外，我們也整合了各方資源，耗資數百萬台幣在台北建立「萬華迎風足球場」。這是台灣少見的五人制人工草皮足球場，希望成為城市足球的發揚基地，真正親近群眾。

今年（二〇一七），陳信安足球學校也擴大招募菁英梯隊，目標是建立完整的

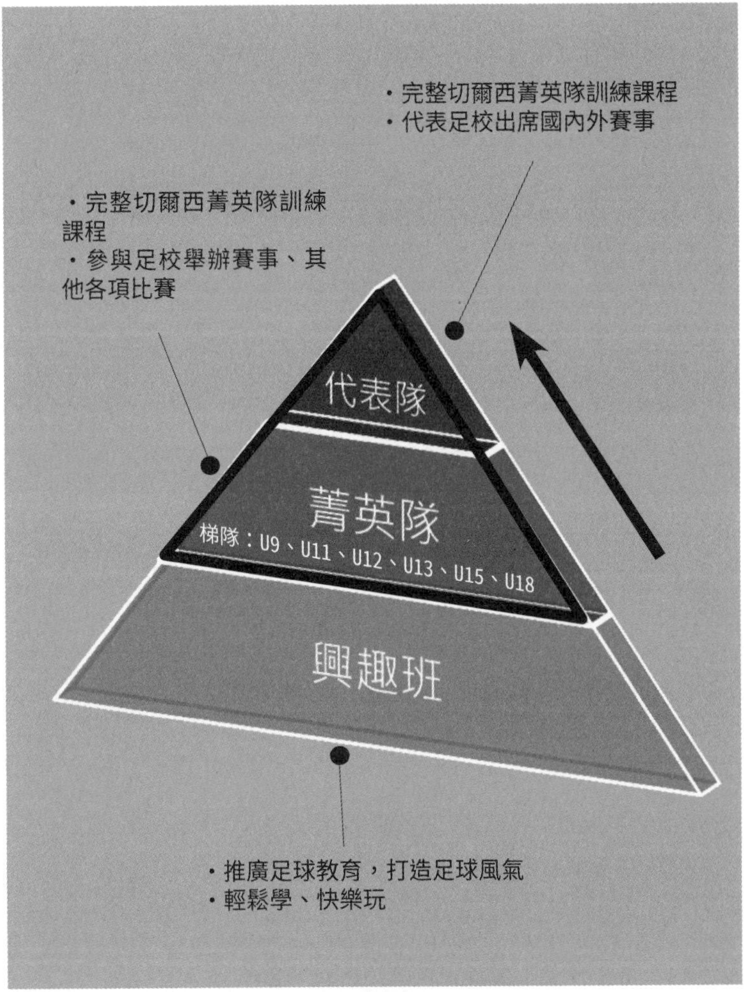
・完整切爾西菁英隊訓練課程
・代表足校出席國內外賽事
・完整切爾西菁英隊訓練課程
・參與足校舉辦賽事、其他各項比賽
代表隊
菁英隊
梯隊：U9、U11、U12、U13、U15、U18
興趣班
・推廣足球教育，打造足球風氣
・輕鬆學、快樂玩

足球學校體系架構

梯隊系統，而這些菁英隊的小球員將接受切爾西的完整訓練課程，並有機會獲選成為代表隊伍——除了代表陳信安足球學校參與國內外比賽，也將是未來職業俱樂部成立後的代表梯隊當然成員。

現在我們在原本的U11、U13和U15之外，增加了U9與U12的隊伍，而明年（二〇一八）將計畫招募U18的梯隊；U18的球員再往上晉升，就是俱樂部的第一隊球員——梯隊球員和第一隊球員的差別在於訓練目標：梯隊重視的是培養和激發球員的實力，而第一隊則是強化球員的競賽能力。

上述的做法和目標，都是在為未來本土足球實力的提升與職業化做好準備。我自己的近程期待是：五年之內台灣能有容納五千名觀眾的足球場，同時建立起符合亞足聯規定的、有核可執照的足球俱樂部。對於足球俱樂部的認證，有一些相

關標準需要達到，例如像是擁有自己的球場、公司與財務的細節透明等，這些都是有助於足球產業的初步健全。

中長程的規劃，則是希望台灣的足球水準能夠提升至參與亞洲頂級賽事的程度，甚至是取得前面的排名位置，讓台灣因為足球而廣為人知。

2017 年 6 月「萬華草根足球日」，立足在萬華社區的迎風足球場正式啟用。

【附錄二】——Case Study

打造非洲荒漠裡的足球花園

路易斯的「聰明足球」在茅利塔尼亞的一千個日子

採訪整理・孫曉彤

圖片提供・Luis Fuertes Sastre

2

茅利塔尼亞（République Islamique de Mauritanie）是位於西非、人口僅有三百四十三萬的國家，境內大都是寸草不生的沙漠，但風靡世界的足球運動在茅國同樣盛行——無論是泥土地或是街頭角落，隨處都可以見到享受踢球樂趣的人們。即便有著對於足球的基本熱愛，相較於非洲甚至世界上其他足球興盛的地區，茅國長期以來卻被視作「未開化」的足球荒漠：幾乎沒有聯賽制度、缺乏完整梯隊架構、球員和教練的訓練方式純粹土法煉鋼……甚至沒有一座符合國際標準的專業球場。

二〇一四年，茅利塔尼亞的國家足協，自西班牙請了具有西班牙皇家足協資格與歐足聯專業A級教練的路易斯·孚艾特斯·薩

斯特（Luis Fuertes Sastre），擔任其國家足協技術總監，而路易斯也是足球培訓理論「聰明足球」（SmartFootball）的共同提出者之一——透過他的投入與實踐，三年之內，路易斯不僅完善了茅利塔尼亞國內的聯賽與梯隊制度，更以「聰明足球」的訓練原則，成功讓原本世界排名一六八名的國家代表隊，提升至世界第八十六名，並且榮登非洲足球聯

賽的冠軍寶座。

路易斯的成功經驗，不僅獲得當地政府的全力支持，茅國總統更首度親自視察他在足協的訓練過程；二〇一七年底，國際足聯更將組派考察團，赴茅國研究他們的足協系統。茅利塔尼亞近年在足球運動的飛躍發展，無疑已經成為了國際足壇的傳奇，而其中最關鍵的推手，則是來自於路易斯和他所帶領的教練團隊，不為人知的努力過程——他是如何做到的？成功的祕訣又在哪裡？

茅利塔尼亞的經驗，或可成為未來台灣足球運動發展的借鏡。

先完整梯隊，再強化職業隊

「身為一個國家足協的技術總監，需要關注的面向很多。」路易斯認為，足球運動重視的是整體性的發展，不能只聚焦於職業隊或國家隊等成人球隊，同時必須兼顧少年梯隊和女足的發展。他也特別指出，想要增強一個國家的足球實力，需要執行的是「由下而上」的培育，意即先建立各年齡的梯隊，強化選手素質，打造好堅實而完備的基礎，而這些年輕球員未來則會進入職業隊和國家隊，真正地提升整體的足球水平。

其次，則是教練團隊的培養，提供宏觀而完整的專業教練培訓——這裡指的不只是職業隊的教練，同時也包括校園足球、少年梯隊和業餘足球；而教練的類別也涵括守門員教練、體能訓練師、營養師、防護教練等。路易斯坦言自己剛到茅利塔尼亞時，當地各方面的軟體體配套幾乎是百廢待舉，必須完全由他和團隊重新建立：「首先最大的挑戰就是語言，茅國所使用的是法語和阿拉伯語，語言的隔閡經常讓溝通過程更加困難，特別是在教練觀念的部分。其次，當地有一些球隊，卻沒有任何比賽機制；許多人踢球，卻沒有任何正規球場；有球員和教練，但教練們沒有受過專業訓練、不曾接受過國際足球教練的培育，幾乎是土法煉鋼地在教球。」

「茅國足球水平長期落後，政府對於足球的扶持度很低，並沒有在足球運動上挹注足夠的資源，這使得當地雖然有許多業餘球員，但他們都不曾接受過專門的足球訓練。因此我首先執行的是球員的選拔，藉此挑選出真正適合的球員——如果連球員都沒有，遑論發展足球運動——培養人才是我的第一步。有了好的球員之後，接著是鼓勵他們走出閉門造車的困境，通過國際性的友誼賽或盃賽，在與外界的交流中提升球隊的水平。」路易斯觀察：「茅利塔尼亞民間的足球氛圍很濃厚，足球可說是最受歡迎的運動——只要有國家級的大型足球比賽，幾乎是場場爆滿。」

有鑑於此，茅利塔尼亞的足協主席在機緣之下，於二〇一二年接觸了時任西班牙瓦倫西亞足協（València Club de Futbol）青訓總監的路易斯，經過了將近兩年的規劃與思考，二〇一四年路易斯決定接受邀請，遠赴茅國執教。

事業生涯的圓夢壯遊

路易斯並不諱言，長年在歐洲和西班牙與世界頂級的球員和足協共事，讓他對於前往客觀條件幾乎有著天壤之別的茅利塔尼亞，感到十分躊躇：「然而茅國足協主席的進取心打動了我，他也明白現況困難重重，但仍然有志做出改變。我自己一直以來的志向

右：路易斯（左）在位於茅國東南部的城市內馬與當地足協主席（中）在教練培訓課程後的合影。
中：路易斯（右二）於茅利塔尼亞的提吉克賈市所舉辦的教練培訓課程中，與當地名人與足球界重要人士主持開幕式。
左：路易斯（左）與引介他給茅國足協主席阿梅德．亞哈的好朋友文森特．博格爾（中），於茅國的努瓦克蕭特機場手捧球隊在摩洛哥獲得的UNAF 盃賽的冠軍獎盃合照。右為路易斯的助手弗蘭．佩雷斯。

就是發展足球和足球教育，我關注個人在事業上的成就，也希望幫助茅國擺脫足球困境。很多人會認為，以我當時的資歷遠赴非洲的足球荒漠，對於職涯發展並無幫助；但我卻不這麼認為，我更希望真正落實自己的經驗和理論，通過個人的力量獲得成功。」

「原本我和茅國足協的合作是二〇一四至二〇一七年，這三年內我認為自己已經帶領了當地的足球隊伍邁出堅實的步伐；而如此的成果，也喚起了茅國政府對於足球的重視。決定赴任時，我告訴自己必須要有信心，同時也必須有耐心，才能慢慢建立起整個體系。經過了摸索期和建設期，現在茅利塔尼亞的足球正在大步向前邁進——這和『聰明足球』的理論一樣，打好基礎，然後按部就班。」路易斯說道：「茅利塔尼亞的經驗真正帶給我的是

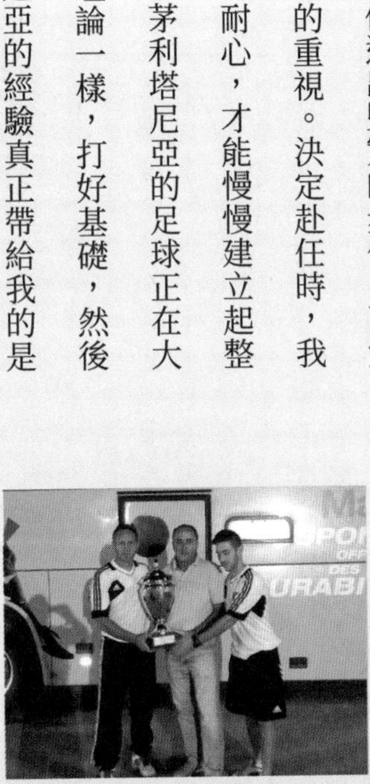

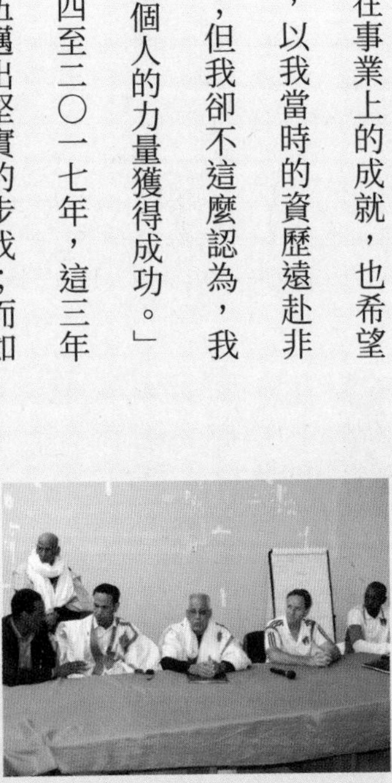

夢想上的成功——用自己的能力幫助別人取得進步。」

什麼是「聰明足球」？

路易斯於一九九九年與其他學者共同提出的「聰明足球」理論，是世界上唯一以博士論文發表的足球訓練法則，目前被廣泛應用在頂尖教練和球員的培訓中；它適用於各種年齡和水平的球員，鼓勵球員的創意和思考，有別於過去教練向球員下指令的單向溝通。「聰明足球」提倡的是教練創造適合的思考情境，提供給球員獨立思考與判斷的機會，而後教練將針對球員的正確判斷給予鼓勵，球員亦能由經驗累積中，將好的選擇內化為個人的戰術或球路風格。

「對於足球，我有很豐富的理念和經驗，執教於茅利塔尼亞最大的挑戰不在於要做什麼，而是如何去做。」路易斯說道：「西班牙的足球發展已臻完備，但如何將既有的理論基礎調整至適合茅國的風土民情，才是執行上的關鍵。」目前，路易斯在茅國的教練團隊核心成員共有六人，此外也有許多來自西班牙和當地的教練加入：「一開始，有專業背

景的教練非常少，國內教練資格最高的僅有非洲足協的認證，完全沒有任何一位取得國際足聯的教練資格；二〇一四年開始，我開展了專業的教練訓練課程，與許多當地教練合作，讓他們在接受培訓外，還實際參與成熟的國際教練如何在球場上開展訓練。之後，也陸續開始了守門員教練和體能教練的培訓。」

「『聰明足球』對於教練的要求，其實比球員來得多，原因在於，教練在訓練上不給球員設置太多規則，才能使球員們自由發揮。然而，教練在傳統訓練中經常被賦予掌握全局的職責，而『聰明足球』則造成了巨大的觀念翻轉：教練必須『引導』而非『教導』。因此，教練自己必須要對『聰明足球』有著很清晰的認知，要懂得放手讓球員們自己學習。『聰明足球』的教練靠的是用問題進行交流，提出有效的問題，讓球員自己給出答案——這讓問題的設計變得很重要，因為不可能把對於青年運動員的問句用在不到十歲的孩子身上，其中的細膩權衡，對教練來說無疑是很大的挑戰。」

「『聰明足球』希望球員多踢球，讓他們養成在情境中思考和做決策的習慣，當這些好的選擇成為習慣，內化成為本能後，球員們未來遇到類似的情境，就會下意識地做出最好的選擇——因為他們經過了長時間如此訓練，例如西班牙的明星中場哈維（Xavier Hernández Creus）的傳球以神出鬼沒著稱，但如果問他為何這麼做，可能連他自己也無法說出明確的理由——當然，這些行動絕非毫無理由，而是球員們在場上經過不斷的嘗試、修正和累積，才形成如此獨特的球路與個人風格。」

路易斯說道。

PROFILE

路易斯・孚艾特斯・薩斯特

Luis Fuertes Sastre

2002：取得西班牙皇家足協／歐足聯專業 A 級教練
2001～2002：高等運動碩士
1992～1997：體育大學學士
1997～2009：瓦倫西亞足球俱樂部技術及協調總監
2009～2012：瓦倫西亞足協教練講師及 U17 主教練
2014～2017：茅利塔尼亞國家足協技術總監

教練所應具備的理想特質

以多年培訓足球教練的經驗，路易斯歸納出好的教練需要具備的五項特質：

一、要有專業知識背景的學習。路易斯以自己為例，他在大學主修的是體適能的研究，再進修體育管理，之後陸續參加了許多教練培訓課程，獲得歐足聯的最高教練認證。好的教練需要有豐富的知識儲備，才能更全面性地完整自己的訓練內容。

二、要有豐富的經驗累積，這包括親身的球員經驗和教練執教的經歷。一個教練若只有大量的知識，卻沒有任何實際的場上經驗，將使得教練內容淪為紙上談兵，並且缺乏與球員間的溝通語言。

三、要有良好的適應能力。教練有可能在不同屬性的球隊執教，可能是實力良好的職業隊，但也可能面對的是業餘隊或兒童球隊。好的教練必須要有能力將自己的訓練內容轉換後以適應不同的球隊；好的教練不只會帶領強隊，也要能夠幫助較弱的球隊發揮所長。

四、要懂心理學。教練有可能訓練成熟的青年球員，也可能帶領十幾歲的少年梯隊；不同年齡的球員有著不同的心理特質，開展訓練的方式也不盡相同。好的教練要照顧到球員的心理，因材施教，提出適合的訓練方案。

五、要有熱情。好的教練熱愛他的工作，也保持理想性。假使有位教練具備了前述四點，卻不喜歡自己的工作，那麼他所具備的一切條件也是枉然。所以說，熱情是最重要的關鍵。

「教練的專業可以通過一系列的課程來培養，好的教練應該積極地運用所學；每位教練的背景都有些差異，有的可能擅長生理學、物理學、體適能等，教練必須把自己已有的知識和經驗與訓練內容融會貫通，才能發揮所長，建立個人風格，真正落實教練的專業。」路易斯說道。

【附錄二】——重要足球俱樂部一覽

北部

台北市

明星足球學院	網站：www.mfa.com.tw/index.php
台北市足球協會	網站：www.tfa-soccer.org.tw/
北榮腳球兒童部	臉書專頁：北榮腳球兒童部中學部
天母足球社	臉書專頁：天母足球社
臺北市都會樂活足球協會	網站：www.tcls.com.tw/news.aspx
台日快樂足球教室 DESAFIO	網站：sportslife-taiwan.amebaownd.com/
台北 Jacky 教練活力足球教室	臉書專頁：台北 Jacky 教練活力足球教室
International Soccer Club Taipei	臉書專頁：International Soccer Club Taipei
大安足球俱樂部	臉書專頁：大安足球俱樂部
TFA 台北外師足球體育學院 (TAIPEI FOOTBALL ACADEMY)	臉書專頁：TFA 台北外師足球體育學院 (TAIPEI FOOTBALL ACADEMY)
Football Club Taicheng	臉書專頁：Football Club Taicheng
Top five 兒童運動俱樂部	臉書專頁：Top five 兒童運動俱樂部
天主教寶血蒙特梭利幼兒園	網站：pbk.topschool.com.tw/
fc viking	網站：fcviking.com/news.html
聖雅各社區服務中心	臉書專頁： 聖雅各社區服務中心
北榮腳球兒童部中學部	網站：kickwonder.com/action.php
飛翔兒童足球教室	網站：blog.xuite.net/verylovesnow1020/twblog/148536512

新北

足球學校－新北銀河足球俱樂部	網站：ntcgalaxyfc.com/ 足球學校 /
LION 足球俱樂部	臉書專頁：LION 足球俱樂部
Unity 足球俱樂部	臉書專頁：Unity 足球俱樂部
森巴兒童足球教室	臉書專頁：森巴兒童足球教室
FCB Taiwan	臉書專頁：FCB Taiwan
飛鷹足球俱樂部	網站：www.flyeagle.url.tw/fbshe-tuan/
淡水獵豹足球俱樂部	臉書專頁：淡水獵豹足球俱樂部
天使足球俱樂部（輔仁大學足球隊）	臉書專頁：天使足球俱樂部
綠茵之星足球學校	臉書專頁：綠茵之星足球學校
新北市私立景新幼兒園	臉書專頁：新北市私立景新幼兒園

桃園

雙龍 FC	臉書專頁：雙龍足球俱樂部 & 龍潭足球俱樂部 (雙龍 fc& 龍潭 fc)
阿寶老師足球俱樂部	臉書專頁：阿寶老師足球俱樂部 _ 桃足協南區球會
飛 Sir 足球教室	臉書專頁：飛 Sir 足球教室
冠博足球俱樂部	臉書專頁：龍潭冠博足球俱樂部
星河黑旋風	臉書專頁：星河黑旋風足球俱樂部
虹豎長頸鹿幼兒園	臉書專頁：虹豎長頸鹿全能幼兒學校

中部

新竹

新竹足球學校	臉書專頁：新竹足球學校
蔚藍天空兒童足球俱樂部	臉書專頁：蔚藍天空兒童足球俱樂部粉絲團
新竹宇宙聯足球俱樂部	網站：www.cosmosutd.com.tw/
新竹夢幻足球隊	臉書專頁：新竹夢幻足球隊

台中

李惠堂足球學院	網站：www.lihueitangfootball.url.tw/
旅人足球俱樂部	臉書專頁：旅人足球俱樂部
可樂足球教室	臉書專頁：可樂足球教室 粉絲團
藍天足球俱樂部	臉書專頁：藍天足球俱樂部

東部

宜蘭

葛瑪蘭足球協會	臉書專頁：葛瑪蘭足球協會

花蓮

灰狼足球俱樂部	臉書專頁：灰狼足球俱樂部
武士岸足球俱樂部	臉書專頁：武士岸足球俱樂部
北濱足球俱樂部	臉書專頁：Beibin Football Club (北濱足球俱樂部)

台東

東台灣幼兒足球體能工作室	臉書專頁：東台灣幼兒足球體能工作室

南部

屏東

愛群幼兒園	臉書專頁：愛群幼兒園

高雄

小惡魔足球 football	臉書專頁：小惡魔足球 football
高雄市童年綠地幼兒園 (A)	網站：kidgarden.topschool.com.tw/
KSTBSA 小雷鳥幼兒足球	網站：www.thunderbirds.org.tw/child/index.asp